젠더

행복한 페미니스트

gender

젠더
행복한 페미니스트
gender

ⓒ조이한 2016

초판 1쇄 발행 2016년 11월 11일
초판 2쇄 발행 2019년 2월 27일

글 조이한

펴낸곳 도서출판 가쎄 [제 302-2005-00062호]
*gasse • 아카데미는 도서출판 가쎄의 임프린트입니다.

주소 서울 용산구 이촌로319 31-1105
전화 070. 7553. 1783
팩스 02. 749. 6911
인쇄 정민문화사
ISBN 987-89-93489-61-3

값 12,000 원

홈페이지 www.gasse.co.kr
이메일 berlin@gasse.co.kr

gender 젠더

행복한 페미니스트

조이한 지음

gasse·아카데미

차례

—
서문
—

언젠가는 쓰리라 생각했다.

어려운 이론으로서의 페미니즘이 아닌 일상에서 풀어내는 젠더 에세이.

시간이 되었는지 그녀가 왔다. 나는 못 이기는 척 그녀의 유혹에 넘어갔다.

2012년에 〈그림, 눈물을 닦다〉 이후 더 이상 책을 쓰지 않겠다고 했던 생각을 번복한 것이다.

언제나 책을 쓰는 일은 힘들고 오래 걸렸다. 이 책은 지금까지 내가 썼던 책 중에서 가장 최단 시간에 쓴 것이다. 겨우 한 달 반 만에 탈고를 했다. 평소에 써났던 글이 바탕이 되었기 때문이다. 하지만 대부분은 새로 썼고 기존의 글도 다시 손봤다. 맥락이 달라지기도 했고 하고 싶은 말이 많아지기도 했다. 그러나 그 한 달 반이 순탄했던 것은 아니다. 개인적인 이야기가 많아 심리적인 저항이 컸다. 이 책을 읽을 가까운 사람들이 마음에 걸렸다. 그래도 그들은 내 결정을 지지해줄 것이라 믿는다. 언제나 그랬듯이.

한때 페미니즘은 욕처럼 들렸던 적이 있었다. 사람들은 자신이 페미니스트라는 사실을 숨겼다. 속으로는 부글부글해도

"제가 페미니스트는 아니지만… "이라는 말로 일단 상대의 잠재적 공격성을 막아놓고 말을 시작하곤 했다. 지식인 여성들도 자신의 연구에서 페미니즘적인 시각이나 주제를 꺼렸다. 변방이 아닌 중심에서 인정받고 싶었기 때문이다. 어려서부터 성차별에 유난히 예민했고 내가 다니던 독일의 대학에 젠더 스터디라는 학과가 생기자마자 그걸 선택한 나는 페미니스트라는 걸 숨겨본 적이 없다. 다행인지 불행인지 학자도, 교수도 아니며 그 어느 조직에도 속해 있지 않고 유명인도 아니라서 그 공격에서 자유로울 수 있었을지도 모른다.

그런데 세상이 변했다. 캐나다 총리 쥐스탱 트뤼도가 "내가 페미니스트인 게 자랑스럽다"라고 말하고 내각을 남녀 동수로 꾸리면서 "왜냐면 2015년이니까요"라고 했다는 말은 두고두고 사람들 입에 오르내렸다. 미국의 오바마 대통령도 본인이 페미니스트라고 했다. 여자가 페미니스트라고 하는 말은 너무나 당연한 일처럼 여겨지고 남자가 페미니스트라고 하면 뭔가 시대를 앞서가는 세련된 느낌까지도 받는 세상이 되었다. 격세지감이다. 아마도 또 얼마간의 시간이 흐르면 그 말은 너무나 당연하고 평범해져 버려서 아무런 울림도 갖지 못하는 구세대의 언어가 될지도 모른다. 그런 세상이 오면 정말로 좋겠다.

하지만 여전히 대한민국에서는 갈 길이 멀다. 서구에서 1960-70년대에 했던 격렬한 싸움이 이곳에서 벌어지고 있다. 미국과 유럽에서는 60-70년대에 1세대 페미니스트 예술가들이 거리로 나와 미술계의 성차별에 항의하는 시위를 하고 남성의 폭력적 시선에 자신의 옷을 벗어가며 공격적으로 맞섰다. 여성의 몸을 향한 관음증적 시선과 성적 대상화에 대한 울분에 찬 행위였다. 그들은 공공장소에 바지 지퍼를 내린 채로 나가기도 하고 성기를 내보이며 관찰하라고 요구하기도 했다. "그렇게 보고 싶어? 자, 보여 줄게. 얼마든지 봐!" 캠퍼스 내에서 벌어진 끔찍한 성폭력에 항의하는 의미로 제사를 지내는 퍼포먼스를 하기도 했다. 사람들은 불편해했고 그들이 사용하는 언어와 행동의 극단성에 고개를 저었다. 극단으로 기울어진 한쪽 축을 가운데로 가져오기 위해 다른 극단으로 당기는 힘을 사용한 것이다. 우리는 2015-2016년에 그 싸움이 시작되었다. 메갈리아가 등장함으로써, 움직이는지 아닌지 하도 조용해서 잘 감지할 수 없었던 바닥이 시끄러워졌다. 그들이 내기 시작한 균열이 전체 지형을 바꿀 수 있을까? 정말로 그렇게 되었으면 좋겠다.

이 책은 말 그대로 에세이다. 그것도 지금껏 내가 써온 미술 이야기가 아니라 미술작품은 하나도 들어가지 않은 에세이. 여기에는 개인적인 이야기가 많이 담겼다. 어쩌면 이 책을 쓰고 나면 더 이상 할 말이 없어질지도 모른다. 그래서 좀 길어지더라도 인사를 해야겠다. 감사의 말을 아무리 많이 반복해도 절대적으로 부족한 사랑하는 엄마 조인숙 여사님, 당신의 수고와 사랑과 믿음으로 터널을 지났고 지금도 살고 있다. 언니와 두 동생의 지지와 믿음, 희숙, 희경 선배, 연희 언니, 묘진이, 승종이, 내 친구 오세란, 종오와 경현이, 은희와 애령씨와 희영 선배, 모두모두 힘든 시기에 내 곁에서 응원을 아끼지 않았던 친구들이다. 그리고 이제야 웃으며 당신의 사진을 들여다보는 아버지, 이름을 밝히지 못하는 내가 사랑했던 모든 남자들에게 감사를 보낸다. 마지막으로 인품과 지성과 유머로 나를 사로잡았고 지금까지도 존경심을 유지하고 있는 짝꿍 김정근, 당신과의 결혼이었기에 나는 자유로울 수 있었다. 행복한 페미니스트는 당신이 있어 가능했다.

요리하는 남자의 탄생

언젠가부터 TV에 '요리하는 남자'들이 나오기 시작했다. 차갑고 세련된 도시 남자의 이미지가 강한 차승원이 머리에 수건을 둘러쓰고 헐렁한 몸뻬바지를 입고 요리를 한다. 제육볶음, 된장찌개는 기본이고 배추김치나 깍두기, 열무김치도 뚝딱 만들어낸다. 찜이나 볶음 같은 난이도 높은 음식은 물론이거니와 심지어 아궁이에서 빵도 굽는다. 방송이니 실제 맛이 어떨지는 알 수 없는 노릇이긴 하지만 요리를 제법 한 사람이 아니라면 나올 수 없는 자신감 넘치는 동작이라는 점에서 그는 정말로 요리 좀 해 본 남자인 것 같다. 그런 차승원에게 '차줌마'라는 별명이 붙었다. 여자들도 아줌마

소리를 들으면 질색하는데 모델 출신에 남자다운 의리와 포용력을 갖춘 듯 보이는 이 남자에게 아줌마라는 호칭을 붙이다니, 잘못 들으면 비아냥대는 소리처럼 들릴 수도 있다. 하지만 그 '아줌마'라는 무서운 말도 차승원에게 붙으면 긍정적인 의미로 바뀌어 버린다. 사람들은 남녀 불문하고 그런 차줌마에게 애정 어린 지지를 보낸다.

그뿐만이 아니다. 예능 프로그램 여기저기에 남자 요리사들이 등장한다. 그들의 말쑥하게 다려진 새하얀 작업복과 소금 뿌리는 행위마저 퍼포먼스로 승화시키는 허세 쩌는 행동들은 슬로 비디오로 멋있게 포장된다. 심지어 그들은 '주방 아저씨'도 아니고 '주방장'도 아닌 '셰프'로 불린다. "예, 셰프", "알겠습니다, 셰프" 그의 말이 떨어질 때마다 꼭 붙여야만 할 것 같은 그 단어는 그들 셰프들이 쓰고 있는 높고 하얀 모자 뒤로 '블링블링'한 아우라를 던져준다. 그들은 TV에 나와서 무엇을 하는가? 타인의 냉장고를 뒤져서 나온 재료들을 가지고 희한한 요리를 만드는 것도 그렇지만 음식의 종류나 모양에 어울리는 그릇의 선택과 테이블 세팅은 요리가 일상의 반복적이고 지난한 노동이라는 사실을 잊게 한다. 그들이 일하는 식당은 이제 명소가 되어 예약이 없으면 들어갈 수 없는 곳이 되었다. 그들은 책을 쓰고 인터뷰를 하고 여기저기 초청 강연을 한다.

이게 참 재미있는 지점이다. 만약 '삼시세끼'를 그 나이 또래의 여자가 이끌었다면 어땠을까? 여자 요리사들이 등장해서 요리 경연을 했다면 지금처럼 화젯거리가 될 수 있었을까? 요리하는 남자의 탄생. 부엌에 발도 못 붙이던 남자들이, '고추 떨어진다'며 질색하던 남자들이 부엌에 드나들기 시작했다. 자, 이제 정말로 남성들의 부엌 출입을 금지하던 우리나라의 전통은 끝난 것일까?

과거부터 현재에 이르기까지 음식 만들기는 여성의 역할이었고 부엌은 여성의 공간이었다. 그리고 여성의 부엌은 사적인 공간이었다. 물론 공적 영역에 딸린 부엌에서 여성들이 요리를 담당했던 경우가 전혀 없었던 것은 아니다. 하지만 공적인 영역으로 가도 여성이 음식 만드는 곳은 주로 서민들의 밥집이거나 술집이다. 그들은 주방 아줌마이거나 포장마차 아줌마이고 그냥 음식점 주인이다. 그들은 근사하지도 않고 멋있지도 않으며 그냥 힘든 직업인일 뿐이다. 하루 종일 물을 만져 거칠어진 손, 늘 잠이 부족해서 눈도 잘 떠지지 않는 피곤한 얼굴, 펑퍼짐한 몸매, 별다를 것 없는 평범한 음식을 만드는 아·줌·마. 반면에 요즘 등장하는 TV 속 요리하는 남자들은 얼마나 근사한가. 그들은 언제나 '셰프'라고 불린다. 그런데 셰프를 번역하면 주방장이다. 주방장이라고 부르면 후져지고 셰프라고 부르면 세련되어지는가?

조정석이나 이선균이 역할을 맡은 드라마 속 셰프는 카리스마 넘치고 잘 생겼으며 목소리도 근사하다. 자기가 하는 일에 너무나 철저한 나머지 신경은 늘 곤두서 있다. 그들은 툭하면 소리 지르지만 그마저도 드라마 속에서는 멋있다. 하는 일은 같지만 칼을 잡은 남성은 순식간에 격이 올라가고 그들이 운영하는 식당은 고급이 된다. 이건 우리나라만 그런게 아니다. 오스트리아의 빈으로 가보자. 빈은 카페의 도시라고 부른다. 빈에서는 19세기 말, 예술가들과 학자들이 모여 토론하고 모임을 가졌던 전통을 오늘날에는 관광 상품으로 내놓는다. 관광객들은 너나 할 것 없이 유서 깊은 카페에 가서 커피와 조각 케이크를 먹는다. 빈에 들를 때마다 여러 카페를 전전한 경험이 있는 나는 빈의 커피는 맛도 없고 가격만 비싸다는 걸 안다(이건 오스트리아 사람들도 다들 인정하는 사실이다). 하지만 사람이 꼭 맛으로만 음식을 먹는 게 아니라는 걸 빈이 잘 보여준다. 빈에 간 사람들은 맛도 별로인 커피와 조각 케이크에 기꺼이 적지 않은 액수의 돈을 지불한다.

비록 커피는 맛이 없지만 한 가지는 눈에 띈다. 100년이 넘었다는 전통 있는 빈의 카페에 가면 하얀 셔츠와 몸에 꽉 끼는 조끼를 입은 중년의 남성들이 서빙을 한다는 점이다. 관광객이 넘쳐나면서 그 수요를 감당하기 위해 신생 카페나 비교적 저렴한 카페들도 많이 생겼는데 그런 곳에서는 간혹 여성이 서빙을 하기도 한다. 하지만 소위 유서 깊은 카페에선 언제나 남자가 서빙을 한다. 빈에서 만난 한 오스트리아인 친구는 "먼저 홀을 둘러봐서 여자가 서빙을 하면 전통이 없는 카페"라는 말을 자신 있게 했다. 당연히 가격 차이도 있다. '전통 있는' 카페는 다른 곳보다 가격도 비싸다. 그리고 손님들은 왠지 팁도 더 많이 줘야 할 것만 같은 압박감을 갖게 된다. 왜? 고급이니까. 그런 고급스런 곳에서 50센트짜리 팁을 내놓기가 부끄러운 것이다. 이렇게 똑같은 일을 해도 남성이 하는 일과 여성이 하는 일은 구별(차별이라고 말하고 싶지만)된다.

자, 그렇다면 어째서 단순한 부엌일과 격이 다르다고 평가를 받는 '요리'를 하는 남자가 등장하게 된 것일까? 다시 말해 남자가 요리를 해서 격이 올라간 것은 아닐까?(고급 요리의 대명사였던 중국집의 '청요리' 요리사들은 전부 남자가 담당했으며 유럽 왕궁의 궁정 요리사들은 잘츠부르크 대주교에게 봉사했던 모차르트보다 더 나은 대우를 받았으며 인정받았다는 점을 떠올려 보자.) 내가 직접 한 연구는 아니지만 사회학에서 이런 의문을 주제로 정해 연구를 한 적이 있다. 일반적으로 노동 시장이 변하면서 남성의 노동력이 남아돌면 기존에 여성이 하던 직업을 남성이 맡게 되는데 그에 따라 그 직업의 가치가 상승한다는 거다. 혹은 그 반대로 남성이 하던 일이 가치가 떨어지면서 여성이 그 일을 떠맡게 되기도 하는데, 그렇게 되면 과거에 남성이 했을 때 사회적으로 높은 가치를 지녔던 일이 하찮은 직업으로 전락한다고 한다.

그렇다면 혹시나 남자가 요리를 하지 않으면 안 되는 사회적 분위기가 이런 변화에 한몫을 한 것은 아닐까? 사회에서 안정된 양질의 직업이 점차로 사라지면서 퇴직한 식당 자영업자 숫자가 증가한 것도 오늘날 '먹방'이 증가하거나 요리하는 남자가 등장한 것에 한몫했을 것이다. 그와 더불어 일인 가구가 증가함에 따라 남성도 혼자 살아야만 하게 되었다는 것, 부부가 같이 살아도 요리할 줄 모르는 남자는 나이 들어서 소위 '밥벌이' 역할이 끝난 후 부인에게 귀찮은 존재가 되어 천덕꾸러기로 대접받아야 한다는 사실을 남자들이 깨닫게 된 게 요리하는 남자가 등장하게 된 원인이 되지는 않았을까? 줄곧 밖에서 밥을 먹어야 하는 사람은 안다. 돈도 많이 들지만 조미료 잔뜩 들어간 음식이 얼마나 질리는지를. 생존을 위해서 요리는 필수인 것이다.

그러므로 혼자서 살든 같이 살든 끝까지 행복하게 살기 위해서는 자기 먹을 건 자기가 요리할 줄 알아야 한다. 그런 자각을 하게 된 남성 사회학자들이 '부엌 권력'이라는 단어를 썼다. 평소에 부엌 근처에도 안 가본 남자들은 퇴직 후 부인에 대한 의존도가 높아지고, 부인은 그런 남편이 부담스럽다. 그게 바로 오늘날 남성들이 불행해지는 원인이라고 판단

했다. 즉 오늘날 남성이 불행한 이유는 부엌이 권력임을 자각하지 못해서라는 진단을 한 것이다. 남성이여, 행복해지기를 원한다면 부엌 권력을 쟁취하라!

부엌이 권력임을 몰랐던 남성들은 밖에서의 권력을 잃어버린 후 정말로 아무것도 아닌 게 되어버렸다. 그들은 자기 혼자 할 수 있는 일이 하나도 없음을 깨닫는다. 일하느라, 처자식 먹여 살리느라 밤낮없이 밖에서만 있다 보니 가족들과의 대화의 끈은 사라져버렸다. 이야기를 시작해보려 해도 자꾸만 훈계를 하게 된다. 사회에서는 그런 사람을 '개저씨'라는 말로 부른다는 소식에 또 충격을 받는다. 자신이 살아온 인생이 송두리째 부정되는 느낌이다. 부인도 자신을 귀찮아한다. 삼시 세끼 차려줘야 하는 사람을 '삼식이'라고 부른다며 웃는다. 세탁기 작동법도 모른다. 부인이 없으면 꼼짝없이 굶어 죽을 판이다. 분노해봐야 자기만 손해다. 분노는 이혼 서류나 가져올 뿐 남편의 권위를 되돌려주지는 않을 게 뻔하다. 대책이 필요하다. 부엌 권력을 쟁취하자. 혼자서도 잘 먹고 잘 살 수 있다는 걸 보여주자. 아니, 혼자서도 잘 먹고 잘 살아야 한다. 그게 인간으로서의 품위를 잃지 않고 늙는 유일한 방법이다.

시작한 이유는 각각 다르지만 그렇게 부엌을 점령한 남자들
이 있다. 그들은 부엌을 점령하고 음식을 만들어 가족을 먹
인다. 〈상 차리는 남자? 상남자!〉라는 제목의 책까지 썼다.
상남자의 의미를 바꿔버린 것이다. 장르 소설들을 주로 번역
하는 번역가 조영학 선생이다. 그는 변호사 유정훈, 전업으
로 가사를 담당하게 된 남자 이충노 등 다른 다섯 명의 '상
남자'들과 함께 남자들의 부엌 점령기를 책으로 냈다. 이들
은 가족을 위해 요리를 하고 밥을 지으면서 아내에 대한 사
랑을 표현하고 가정의 의미를 되새긴다. 음식 만들기는 취미
가 되고 힘들어하는 아들을 위한 절절한 기도가 되고 행복했
던 추억을 되새기며 삶을 시로 바꿔주는 매개체가 되기도 한
다. 이들에게 부엌은 여성의 공간이 아니다. 이게 기꺼이 선택
한 행위라고 해도 매일 삼시 세끼를 고민해야 하는 입장이 되
면 어찌 즐겁기만 하겠는가. 이게 그렇게 즐겁기만 한 일이
라면 왜 여자들이 잠시만이라도 삼시 세끼의 족쇄에서 빠져
나가는 게 소원이라고 하겠는가. 세상에서 제일 맛있는 밥은
남이 해주는 밥이라는 말은 괜히 나왔을까. 책의 저자들이

요리로 사랑을 이야기하고 요리의 즐거움을 쓸 때, 표현되지 않는 뒷모습 또한 보게 되지만 어쨌든 남성들의 이러한 시도와 적극적인 수기는 환영할 만한 일이다. 그것은 무엇보다 자기 자신을 위한 일이기도 하기 때문이다.

그렇게 부엌을 점령하려는 남성들이 나올 때 여성들은 어떤 태도를 보일까? "지금까지 우리가 누리던 부엌 권력을 어떻게 남성에게 빼앗길 수가 있나? 절대로 줄 수 없다"라고 할까? 그럴 여자들은 아마 없을 것이다. 그녀들은 기꺼운 마음으로 부엌 권력을 나누려 할 것이다. 현명한 그들은 이 권력은 서로 평등하게 나누었을 때 행복해질 수 있다는 걸 본능적으로 안다. 부엌 권력은 정치권력이나 경제 권력의 독점적이고 배제적인 특징과는 달리 '함께 밥을 먹는 행위'에서 오는 소통의 특징을 지니고 있기 때문이다.

아버지라는 이름

언젠가 『아버지』라는 소설이 베스트셀러가 된 적이 있다. IMF 체제에 들어서면서 고개 숙인 남자라는 말이 나돌 때였을 것이다. 소설이 히트를 치자 영화로도 만들어졌다고 했다. 주변에서 누군가 그 소설을 읽고 엄청 감동을 받았다고 했다. 그 책의 영향으로 매스컴 여기저기에서도 자신의 아버지에 대한 용서와 그리움을 말하는 사람들이 나오기 시작했다. 물론 책을 읽고 나서 감동받았다는 얘기가 주를 이루었다. 지인 중 한 명이 그 소설을 갖고 있다기에 빌려서 읽어봤다. 솔직히 말하면 나도 감동을 좀 받고 싶었다. 그 책을 읽고 나면 '아버지'를 이해할 수 있을지도 모른다는 생각이

들었기 때문이다.

그런데…… 내 기대는 여지없이 무너졌다. 많은 사람이 읽고 눈물을 흘리면서 감동받았다는 그 책을 읽으면서 나는 처음부터 끝까지 코웃음을 쳤던 거다. 도대체 어느 대목에서 감동을 받았다는 것일까? 알 수 없었다. 소설 속에서는 위암 선고를 받고 지금까지의 삶을 다시 생각하게 된 평범한 공무원 아버지가 자식들과의 소통 부재, 부인과의 갈등으로 괴로워하지만 여전히 그는 어떻게 대화를 해야 하는지 모른다. 그는 자신의 병에 대해서도 가족에게 알리지 않은 채 혼자서 모든 짐을 짊어지는 것이 남자다운 것이라 알고 있는 사람이다. 한국에서 회사에 다니는 중년 남성들의 삶에 가정은 들어있지 않다. 그들은 '밖에서' 자기 삶을 찾는다. 하지만 그 모든 걸 '가족을 위해서' 라고 말한다. 그리고는 뒤늦게 가족이 그에 합당한 대우와 애정을 주지 않는다고 화를 낸다. 소설에서의 아버지도 똑같다. 그러다가 자신의 말을 들어주는 젊은 여자와 바람까지 피운다. 그 불륜은 시한부인 그의 현재 상황 때문에 이해할 수 있는 것으로 미화된다. 죽음을 눈앞에 두고 가족에게도 이해받지 못하는 불쌍한 중년 남성의 가슴 아픈 로맨스. 시간이 흐르고 가족들은 그의 병을 알게 되고 줄줄이 자신들의 행동에 반성문을 쓴다. 아버지의 이해 못 할 모든 행위가 가족들을 위한 것이었다고. 그동안 몰랐다고. 미안하다고. 사랑한다고. 화해의 눈물. 끝.

그 소설을 읽었을 때 내가 좀 과도하게 흥분하면서 화를 냈었다. 싸구려 감상주의라느니, 전혀 반성이 이루어지지 않은 남성들의 자기 연민이라느니 하는 무자비한 낱말을 내뱉었지 싶다. 이런 소설에 눈물 흘리는 사람은 대개 주인공과 같은 남자들일 거라고 생각했다. 하지만 내 예상과는 달리 그 소설은 성별 불문, 연령대를 초월해서 사랑을 받았다. 나는 그런 식의 화해를 이해할 수 없었다. 죽음 앞에서 경건해지지 않는 인간이 어디 있겠는가. 소설에서 아버지가 용서받는, 용서받을 수 있었던 건 그 '죽음'이라는 불가항력의 조건이었다. 그동안 그가 행한 모든 이기주의적 행동과 가족에 대한 예의 없음은 곧 사라질 그의 존재 앞에서 이해될 수 있는 어떤 것으로 순식간에 변화했다. 그 과정에 용서를 할 것인가 아닌가에 대한 되새김질이나 시간을 두고 일어나는 긴장은 없었다. 죽음이 쉬운 건 아니지만 그렇다고 모든 갈등과

애증의 역사가 죽음 앞에서 순식간에 사라지는 건 용납할수 없었다. 그렇게 따지면 모든 인간은 어차피 죽는데, 용서하지 못할 일이 무엇이란 말인가?

나는 남자들이 자기 아버지에 대해 말하는 걸 별로 듣지 못했다. 인터뷰나 설문 조사 같은 데서 '세상에서 제일 존경하는 사람'으로 아버지를 꼽는 남자들은 꽤 많이 봤지만 그 사람들이 진정으로 자신의 아버지를 존경하고 있는지를 나는 의심하곤 했다. 왜냐하면 내가 아는 한, 많은 여자들은 자신의 아버지에 대해 진저리를 치곤 하는데(혹은 내 주변의 여자들이 좀 특이한 건지도 모르겠다만), 왜 아들들은 아버지에 대해 침묵하거나 존경을 표시하는지 이해할 수 없었기 때문이다. 어릴 때 아버지의 권위에 반항하던 아들들도 나이가 들면서 자기가 아버지의 위치에 이르게 되면 자신의 모습에서 아버지를 발견하기 때문일까? 그래서 아버지를 용서하지 않으면 자기 자신도 용서받지 못할지도 모른다는 불안감이 그를 아버지와 화해하도록 만드는 것일까? 그렇다면 아들이 없는 아버지는 누구로부터 용서를 받을 수 있을까?

영정 사진이 된 아버지의 여행 사진

2010년 10월 중순이었다. 가슴에 바람이 들었는지 남편이 자꾸 떠나자 했다. 일에 치여 가을 단풍 한 번 제대로 본 적 없는 나는 쉬고 싶은 맘, 떠나고픈 맘이 반반이었다. 모든 일정을 남편에게 맡기고 조수석에 앉았다. 몸 상태가 그다지 좋지 않았던 나는 옆에서 졸았고, 그렇게 졸다가 깨보니 고창이었다.

고창이라니…… 울 아버지 고향이다.
12살 먹도록 지게 지며 무지렁이로 살다가, 그렇게 살긴 죽기보다 싫어 도망친 고향이라고 했다.

아버지는 네 살 터울인 동생이 병으로 죽자 그 동생의 이름으로 학교에 다녔다고 했다. 그 후로 아버지는 동생의 이름으로 살아왔다. 그러므로 그는 호적상 죽은 사람이다. 가난이 지긋지긋해서, 못 배운 게 한이 될 거 같아서 중학교 올라가면서는 밤도망을 쳐 전주로 갔다고 했다. 부자였던 친구들 집을 전전하고 눈칫밥을 먹으며 어렵사리 공부라는 걸하셨다. 대학을 졸업하고 생계 때문에 원하던 법 공부를 포기한 후 회사에 들어가서도 전라도 사람이라고 온갖 차별을다 받았다고 했다. 나는 그런 아버지에게 "실력이 문제지 고향이 문제겠냐"고 말해 아버지를 침묵하게 만든 못된 딸이었다. 80년대 초반의 어느 날, 야당 지지자였던 아버지가 술을 잔뜩 드시고 정부와 대통령을 욕할 때 자다 일어나서 왜맨날 나라 욕만 하시느냐고, 나랏일 하는 사람들이 아버지보다 못 나서 그러겠느냐고, 국민이 믿고 따라줘야 무슨 일이든 하지 그렇게 허구한 날 욕만 하고 앉아 있으면 나라가뭐가 되겠냐고 따지고 드는 바람에 "네가 크면 알게 될 거다. 어린 너를 데리고 내가 무슨 얘길 하겠냐"시며 술만 드시게 만들었던 일도 있다. 하여간 구구절절 아버지의 사연이야 여기서 접고, '애(愛)'는 없고 '증(憎)'만 가득한 것처럼 보이는 그의 고향에 내가 가다니…… 기분이 이상했다.

아주 어릴 적에 고창에 간 적이 있다. 전깃불도 없이 호롱불이 켜져 있었고 새까만 아이들이 박박 깎은 머리를 하고 나를 둘러싸서 놀랐던 모습이 기억에 남아 있다. 한 번 다녀오면 머리에 이가 번져 몇 날 며칠을 엄마가 우리를 무릎에 눕혀놓고 이를 잡아주곤 했었다. 엄마 손톱 사이에서 톡, 톡, 터지던 그 소리. 그때도 고창은 밤에 나갔다가 호랑이를 봤다고 했을 정도로 깊은 산골이었고 돼지를 키우는 화장실은 들어가서 똥을 누는 일이 공포영화 속 장면처럼 끔찍했었다.

2010년의 고창은 여전히 시골이었다. 커피 한 잔 마실 수 있는 분위기 있는 카페를 찾기가 힘들었다. 미당 서정주 시문학관 근처에서 헤매다 우연히 자리 잡은 숙소는 주변에 아무것도 없는 휑한 벌판에 뜬금없이 서 있었다. 그 시골길을 가는데 난데없이 내 눈에 눈물이 그렁그렁 맺혔다. 그 산길을 지게 지고 걸어가는 어린 아버지가 보였다. 산 중턱에 지게 내려놓고 얻어온 교과서 들여다보며 공책도 연필도 없이 땅바닥에 글자를 쓰는 새까만 어린 사내아이. 학교라고는 문턱도

밟아보지 못한 형들이 줄줄이 있는 틈에서, 술만 먹으면 가슴의 한 때문에 자식을 패던 아버지를 두고 밤도망을 치던 사내아이가 보였다. 그 어린 나이에…… 타지에서…… 얼마나 고생을 했을까, 생각하니 그냥 눈물이 흘렀다. 그래서 당신은 그렇게 모질고 냉정하고 사랑을 표현할 줄도 모르는가 싶은……

시간은 다시 흘렀다. 2012년이었다. 아버지가 위암 판정을 받았다. 처음에 별것 아닌 것처럼 얘기하던 의사는 수술실에 들어가 배를 열어보고 나서야 주변의 장기까지 암세포가 퍼졌음을 알았고 더 이상 손을 못 대고 그대로 닫았다고 전해왔다. 위암으로는 한국에서 가장 권위 있다고 알려진 유명한 의사였다. 수술을 한 의사가 당황하여 밖에서 기다리던 남동생을 호출해 아버지 뱃속을 보여줬다고 했다. 동생은 "암세포가 하얀 꽃처럼 예뻤다"라고 말했다. 위암 판정을 받기 전까지 하루 종일 고스톱판에 앉아서도 끄떡없이 건강했던 아버지는 수술 후 자리에서 일어나지 못했다. 물 한 모금도 더 넘기지 못하고 코를 통한 영양 공급에 의지하다 3개월 만에 돌아가셨다. 허무한 죽음이었다.

그때까지 나는 아버지와 제대로 화해하지 못했다. 우연히 아버지의 고향을 여행하면서 어린 아버지를 만났고 나라면 어땠을까 생각하면서 그를 이해하려 애를 쓰긴 했지만 처음부터 끝까지 가족과는 상관없는 삶을 사신 아버지를 용서할수는 없었다. 엄마는 꼭 외도해서 낳은 자식들을 키우는 것처럼 조심스러웠다고 했다. 도대체 그럴 거면 결혼은 왜 했으며 자식은 왜 낳았을까, 어떻게 네 명의 자녀를 키우면서 한평생 월급도 속여가며 최소한의 돈만 가져다주셨을까, 살림이 어떻게 돌아가는지 자식들이 제대로 크기는 하는지 관심도 없이 돌아가실 때까지 친구와 놀이밖에 모르고 사셨을까, 이해가 가지 않는 삶이었다.

나는 아버지의 수술 소식을 여행 중에 들었다. 당시에 여행객 스무 명을 이끌고 북유럽 미술관 투어를 끝낸 후 런던으로 가서 한 달 예정으로 머물고 있었다. 한밤중에 동생이 문자를 보냈다. '빨리 와' 간결하지만 간절한 요구였다. 하지만 나는 돌아가지 않으리라 마음먹었다. 개인적인 여행이었지만 나머지 일정을 마치고 돌아가겠다고 생각했다. 사람이 그렇게 빨리 죽진 않아, 라고 중얼거렸다. 죽음 앞에서 순식간에 화해가 이루어지는 것은 내가 가장 경멸하던 방식이었다.

그러나 결국 예정보다 며칠 먼저 돌아왔다. 나를 보고 아버지께서는 눈물을 보이셨다. 언제나, 전혀 근거가 없을 때조차도 당당하고 거침없던 아버지는 어린애처럼 약해져 있었다. 그런 아버지는 낯설었다. 내 눈에서 냉정함을 읽은 아버지는 엄마나 다른 형제들에게는 어리광을 부리시다가도 나를 보면 정신을 바로 잡곤 하셨다. 언니와 동생들은 그런 아버지에게 헌신적이었다. 침상에서 노래를 불러 드리고 대소변을 받아내고 온몸을 주물러 드리고 때때로 눈물을 흘렸다. 그들의 착한 심성은 엄마를 닮았다. 나는…… 엄마를 닮지 않은 건 확실했다. 마지막 인사를 나누는 시간이 왔을 때도 나는 끝내 아버지에게 "사랑한다"는 말을 하지 않았다. 당신을 보내는 그 순간, 내 눈에서는 눈물도 흐르지 않았다.

내가 효도라는 걸 한 적이 있을까? 만약 그것도 효도라고 할 수 있다면 영정 사진을 내가 찍은 사진으로 했다는 것 정도? 훨씬 전에 부모님께서는 당신의 영정사진을 준비해 두셨으나 싸구려였다. 너무나 촌스러워서 차마 그걸 쓸 수가 없었다.

나는 언젠가 부모님과 함께 여행했을 때 찍은 사진을 골랐다. 사진에서는 주름살도 별로 보이지 않는, 머리카락이 희끗희끗한 70대 후반의 아버지가 옆으로 살짝 몸을 돌리고 나를 향해 웃고 있었다. 병상에 누워계실 때 그 사진을 보여드렸다. 아버지는 마음에 든다는 표시로 고개를 끄덕였다. 내가 무얼 준비하고 있는지 알고 계신다는 의미였다. 사진관에서는 배경의 초록 나무들을 지워버리고 웃고 있는 아버지 얼굴과 어깨만 남겨두었다. 우리 자식들은 아버지에게 얼마나 많은 친구가 있었는지 장례식장에서 알았다. 그는 친구들에게는 참으로 인기가 많은 남자였다. 호탕하고 재미있고 언제나 유쾌한 '남자 중의 남자' 문득 어떤 소설의 대목이 생각났다. "남자들이 좋은 놈이라고 할 때 그것이 한 여자에게 좋은 남자, 좋은 아빠, 좋은 가장이라는 말과는 전혀 다른 의미임을 그때는 몰랐어요." 정확한 문장은 아니겠지만 그 비슷한 의미의 문장이었다.

입관하는 날, 엄마는 아버지의 시신 옆에 화투 한 세트를 놓아두었다. "당신 죽으면 관 위를 화투짝으로 뒤덮어 주리다. 저 세상 가서 친구들이랑 실컷 치소"라던 평소의 말을 지킨 거였다. 입관식에서는 그런 농담 같은 엄마의 행동에 아무도 웃지 않았다. 장례식에서 우리 가족은 전통을 지키지 않았다. 딸이 셋이고 아들이 하나인 우리 가족에게 친척들은 아들과 사위들이 빈소를 지켜야 한다고 말했다. 시댁 일에 대해서는 별다른 말을 하지 않는 편이지만 내 부모와 관련해서는 달랐다. 문상객이 와도 자식의 친구들과 지인이 당연히 더 많을 텐데 뜬금없이 사위들이 객을 맞아야 한다니 이상하지 않은가. 나는 딸을 포함하여 자식들이 상주가 되는 게 맞는다고 주장했다. 친척들은 불만이 있어도 우리 앞에서 더 이상 왈가왈부하지 않았다.

조문을 온 모든 사람이 영정 사진을 칭찬했다. 이렇게 멋있는 영정 사진은 처음 보았노라고 다들 한마디씩 하셨다. 내 눈에도 사진 속 아버지는 영화배우 같았다.

당신이 떠나고 우리 가족은 해마다 기일이면 잠시 산소에 들렀다가 여행을 하기로 했다. 아버지 기일은 일 년 중에 가장 날씨가 좋은 10월 3일, 개천절이다. 개천절 날씨가 얼마나 좋은지는 아버지가 돌아간 후 알게 되었다. "네 아버지는 참말로

운도 좋다. 지은 죄가 있었어도 하늘이 열린다는 개천절에 돌아가셨으니 그 열린 틈에 슬쩍 묻어서 올라가셨을 거다." 엄마는 그렇게 말씀하며 웃었다.

친정 거실에는 영정 사진으로 썼던 아버지 사진이 걸려 있다. 그리고 우리는 모이기만 하면 아버지 흉을 보며 웃곤 한다. "아요, 당신? 우리가 시방도 당신 흉보는 거? 아마도 네 아버지는 하늘나라에서도 엄청 바쁠 것이다. 친구들 찾아 고스톱 치느라 우리가 여서 숭보는 것도 모를 것이다." 사진 속 아버지는 멋쩍게 웃고 계셨다. 아버지가 수술을 하고 병상에 누워계실 때 자식들이 보여준 헌신적인 병간호를 보면서 나는 울 아버지가 참 복이 많구나 생각했다. 평생을 가족과 상관없이 지내셨어도 마지막에 아무도 거기에 대해 분노를 토해내지 않고 원망하지도 않고 끝까지 의무를 다하는구나. 말년에 "우리 가족 중에는 아무도 내 편이 없다"라고 하신 적이 있기는 하지만 가시는 길에 당신을 외롭게 만들지는 않았다. 그럼에도 불구하고 당신은 혼자 가야만 하는 그 길이 외로웠겠지만 말이다.

우리는 죽음을 무겁게 생각하지 않기로 했다. 당신에 대한 미움이나 원망도 당신 사진 앞에 두고 하는 농담으로 풀어 버리곤 한다. 자식들은 모두 '아버지가 재산은 남겨주지 않으셨으나 빚을 남겨주지 않고 가신 것'에 대하여 감사를 했다. 하도 가정을 나 몰라라 하시고 산 분이라 나는 짐짓 진지한 표정으로 장례식장에서 유난히 슬피 우는 할머니나 중년이 나타나면 분명히 아버지의 딴 살림 가족일 테니 잘 봐두라고 당부하기도 했다. 결국 아무도 나타나지 않아서 감사했다. 차례를 지내거나 산소에 가서도 최소한 간소한 상차림을 했다. 일반적인 제사 음식이 아니라 파스타나 샐러드 같은 희한한 음식을 올리면서도 '아버지가 딱 하나 좋은 게 음식 탓하지 않은 거였다'며 감사했다. 산소에 가서도 '아버지는 하늘나라에서도 친구들이랑 노시느라 바빠서 여기 안 계시다'고 말하며 웃는다. 사람이 죽을 때는 달라지곤 하는데 울 아버지는 처음부터 끝까지 참으로 '일관된 캐릭터'였다고 말하며 또 웃는다. '워낙 집에 안 계셨던 양반이라 돌아가신 후 빈자리가 안 느껴져서 엄마를 힘들게 하지 않아서 감사하다'고 말하며 웃는다. 우리 가족은 살았을 때의 삶과 죽음 이후의 원망과 후회로 무겁게 서로를 상처 내고 물어뜯는 대신 농담으로 이승과 저승을 오간다. 그게 우리 가족이 한평생 가족을 힘들게 했던 아버지를 기억하는 방식이다. 나중에 친구들 얘기나 주변 사람들 얘기를 듣다 보니 울 아버지 정도의 가정사는 '애교'로 봐줄 수 있을 정도더라는 말로 또 웃는다. 알고 보니 이 세상엔 정말로 '개판'인 아버지들이 무지막지하게, 너무나 많았기 때문이다.

관계 맺기의 차이

나는 타고난 낙천주의자라는데 가끔 삶이 너무나 무겁게 느껴져 허덕이는 이유가 뭘까 생각해 본다. TV 뉴스나 신문을 보면서는 울기도 잘하고 땅이 꺼져라 한숨을 쉬기도 잘한다. 오랫동안 그런 거 안 보고 살면 얼굴에 화색이 돌기 시작한다. 그럼 안 보면 되지, 라고 해도 그렇게 되지가 않는다. 또 타고나길 세상일에 관심이 많아서다.

세상은 살풀이나 통한의 기도를 계속해도 모자랄 만큼 고통과 슬픔으로 가득 차 있다. 온갖 군데서 전쟁이 일어나거나 범죄투성이고 그도 아니면 화재와 지진과 기근과 사고로 사람이 다치고 죽는다. 그게 아니라도 내 주변에는 자기 목숨 하나 부지하기가 힘에 부쳐 힘들어하는 사람들 투성이다. 석가모니나 예수라면 이들을 생로병사의 고통으로부터 벗어나게 하려고 길을 마련하겠지만 한갓 범부인 나는 등이 휠 것 같은 삶의 무게로 같이 헤맨다. 길을 가다 손님이 없는 가게를 보면 "아이구, 이들은 어찌 사나" 걱정하고 "이렇게 손님이 없어서 월세는 낼 수 있을까" 염려한다. 그런 나를 보고 주변 사람들은 "네 걱정이나 해"라고 일축해 버린다. 그 말을 들으면 움찔할 수밖에 없다. 나도 자기 한목숨 어찌 건사해야 할지 앞길이 막막한 축에 속하기 때문이다.

그런데 이렇게 세상일을 걱정하는 건 주로 남자들이다. 여성들은 세상일보다는 자기 자신과 가까운 주변에 관심을 갖는다고 말한다. 베를린에서 공부할 때 어쩌다 보니 이래저래 모임을 만들어 하게 되었는데 나는 여자들만 모이는 모임을 오랫동안 했었다. 내가 참여했던 여성 모임은 10년 정도 지속되었다. 그 여성모임에서는 각자 자기 전공에 대한 발표를 돌아가며 하기도 하고 페미니즘 이론을 집중적으로 공부하기도 했다. 공부가 끝나면 각자가 준비해온 음식을 내놓고 먹으며 밤늦게까지 수다를 떨었다. 그 수다의 내용은 남편과 자식 얘기, 자기 공부에서 잘 안 풀리는 얘기, 남자 친구나 가족 얘기 등등 다양했는데 주로 관계에 대한 거였다. 우리는 각자가 무슨 공부를 하고 있으며 무슨 고민이 있는지 대충 다 알고 있었다. 약점 잡힐까 봐 다른 사람들 앞에선 잘 못 하는 얘기들도 스스럼없이 했는데 그건 여성들 모임에선 일반적이다. 그 모임은 베를린에서 공부하는 동안 내게 커다란 힘이 되었다. 왜냐하면 남들이 보면 우습다고 할 정도로 서로에 대해 칭찬하면서 자랑스러워했기 때문이다. 타국에서의 그런 무조건적인 지지와 믿음은 상상 이상의 효력을 발휘한다.

그때는 남자들만 모이는 모임도 있었다. 한 철학 모임에는 남편이 참석했기 때문에 그 모임에 집을 제공하느라 여러 번 관찰할 기회가 있었다. 거기서도 여성 모임과 마찬가지로 다양한 철학적 테마의 공부 시간이 끝나면 반드시 수다를 떠는 시간을 가졌다. 그런데 그들은 내내 국내, 세계 정치 얘기를 했다 (여성 모임과는 달리 그들은 음식도 안 해온다. 집을 제공하는 곳에서 음식도 준비해야 했다). 얘기하는 톤과 주제가 달라서 그렇지 이들의 수다도 장난 아니다. 하지만 그들 중에서 그 누구도 자기 마누라 얘기며 자식 얘기를 꺼내는 사람이 없었다. 이들 얘기를 가만히 앉아서 듣다 보면 세계 평화가 이들 손에 달렸다는 생각이 든다. 밤을 꼴딱 새우는 건 다반산데 그 시간 동안 세계를 들었다 놨다 한다. 그런데 개인적으로 만나서 물어보면 그들은 서로에 대해선 아는 게 별로 없었다. 논문의 주제가 뭔지, 지금 어디까지 진행되고 있는지, 막혀서 헤매고 있는 부분이 뭔지, 묻지도 않고 알고 싶어 하지도 않는다. 당연히 서로의 가정사도 모른다. 각자 공부에 대한 얘기는 일종의 불문율이다. 사적인 부분에서의 거리 두기, 남성들에게는 매우 친숙한 예의다. 그리고는 직접적으로 관련 없는 얘기들만 가지고 밤을 새우는 것이다.

나는 그 남성 모임의 멤버들과도 친하게 지냈기 때문에 간혹 그들을 따로 만났다. 내가 남자들 모임에서 느낀 바를 얘기하면 대부분 공감을 했다. 그리고 그들을 따로 만났을 땐 (물론 내가 먼저 얘기를 꺼내긴 하지만) 개인적인 얘기들도 곧잘 했다. 나하고는 할 수 있는 얘기를 왜 자기들끼리는 꺼리는지 나로서는 참 신기하게 느껴졌다. '화성에서 온 남자,

금성에서 온 여자'의 논리에 동의하지 않는 나로서는 일단 겉으로 드러나는 그 차이가 매우 신기했는데 더욱 흥미로운 점은, 그렇게 개인적인 관계가 아니면서도 필요할 때면 언제나 서로 '매우 친한 사이'가 된다는 거였다. 그들은 조금의 안면만 있어도 서로 '아주 잘 아는 사이'로 행동한다. 만난 지 얼마 되지 않아 금세 '형님, 아우'가 되기도 한다. 그렇게 가까운 것도 아닌데 때가 되면 '의리' 찾아가며 꽁꽁 뭉치는 것처럼 보인다는 것도 신기하다.

반면에 여자들은 사적으로는 매우 친밀한 관계를 맺으면서도 막상 사업적인 도움이 필요할 때 서로 도움이 되는 일이 적다. 이것은 남녀 성 차이라기보다는 권력과 지위 배분의 차이일 것이다. 여성들 중에는 공적인 일에서 영향력을 행사할 정도로 지위나 권력을 가진 사람이 많지 않기 때문에 일어나는 현상일 것이다. 이화여대 동문회가 잘 되는 걸 보면 여자들도 필요한 경우에는 공적으로 도움을 주고받으며 끈끈하게 뭉친다는 걸 알 수 있기 때문이다. 그러므로 언뜻 생물학적 차이인 것으로 보이는 이 관계 맺기의 차이가 실은 권력과 사회구조와 연결된 젠더의 차이를 드러내는 고리가 되기도 하는 것이다.

쉴 줄 모르는 사람들

2014년 여름에 스페인의 산티아고 순례길을 걸었다. 구체적으로 무엇이 계기가 되었는지 기억이 나지 않는다. 새해 계획을 세우면서 어디선가 읽었던 순례길이 떠올랐던 것 같고 50살을 앞두고 실행하기에 괜찮은 계획이라는 생각이 들었다. 평생 운동이라고는 숨쉬기 말고 해본 일이 없는 내가 800km가 넘는 길을, 그것도 피레네 산맥을 오르내리고 메세타라고 하는 사막 지형을 지나는 긴 여정을 10킬로그램이 넘는 배낭을 메고 혼자 걷겠다는 결심을 했다는 것 자체가 말이 안 된다고 생각했다. 사람들은 말렸고 그럴수록 나는 도전 의지가 불타올랐다. 뛰는 것도 아니고 걷는 거라는데 못 할 게 뭐지? 시간이 정해진 것도 아니고 조금씩 천천히 하면 되잖아. 힘들면 쉬었다 가면 되고.

여름 방학을 하자마자 출발하기로 하고 마음 바뀌기 전에 무작정 비행기 표를 끊어버렸다. 천 년이 넘었다는 그 길을 옛날 순례자들은 맨발로 걸었다지만 21세기를 사는 나는 제일 먼저 방수가 되는 등산화를 샀다. 집 주변에서 시작해서 한강변과 북한산 둘레길을 조금씩 걷는 것으로 훈련을 했다. 처음에는 짐도 없이 5킬로미터만 걸어도 발에 물집이 잡혔다. 큰일 났다. 인터넷 카페에 가입해서 물집 잡히지 않도록 하는 갖가지 방법들을 실험해가며 내게 맞는 것을 찾아보았다. 걷는 길이를 점차로 늘려 하루 10킬로미터 정도는 걸을 수 있다는 걸 알게 되었다. 물론 짐이 없는 상태로 가볍게 걷는 것이긴 했지만 그게 어딘가? 마라톤도 하프를 뛰는 사람은 끝까지 뛸 수 있다는데, 나는 할 수 있다는 자신감이 들었다.

다녀온 사람들은 다 하는 얘기지만 산티아고 순례길은 첫날이 제일 힘들다. 배낭을 메고 1400미터 피레네 산맥을 넘어

27킬로미터를 걷는다는 건 말 그대로 모험이었다. 첫날 무리를 해서 발목을 삐거나 인대가 늘어나 포기하는 사람들 얘기가 심심찮게 들리는 코스였다. 실제로 몸을 날려버릴 기세로 불어대는 바람 때문에 지팡이로 간신히 버텨야 했고 하산 길에는 비까지 내렸다. 카메라 렌즈 뚜껑을 어디선가 잃어버렸지만 그걸 찾자고 왔던 길을 다시 간다는 건 불가능했다. 10시간 걸린 그 첫날의 기억은 평생 잊을 수 없을 것이다. 도중에 마을이 있었다면 당연히 거기서 멈췄을 것이다. 하지만 첫날은 무조건 숙소가 있는 곳까지 27킬로미터를 가야만 했다.

어쨌거나 나는 그렇게 하루에 하루를 더하고 또 하루를 걸어, 하루도 빠짐없이 37일 만에 목적지인 산티아고 대성당에 도착했다. 누구나 갔다 오면 책을 쓰고 싶어 한다는 길이다. 굽이굽이 인생을 닮은 길을 걸으면서 자신만의 스토리를 만들 수 있기 때문이다. 아마도 난생처음 자신의 육체적 한계에 도달하고 극복했다고 생각하는 사람들이 대부분일 것이다. 걷는 동안 그때까지 내가 흘렸을 땀보다 훨씬 더 많은 양의 땀을 흘렸으며 기대하지 않았던 순간에 도움의 손길을 내미는 수많은 천사를 만났다. 서로가 서로에게 천사가 되어주는 감동적인 경험을 하는 것이다. 동트기 전 달이 떠 있는 하늘을 보면서 출발하여 내 그림자로 방향을 잡는 법을 배우고 아무도 보이지 않는 드넓은 밀밭 한가운데서 오줌을 쌌다. 길에서 만나 사랑에 빠진 연인들을 보았고 내 어깨에 기대어 우는 외국 할머니와 우정을 나누었다. 베드버그에 물려서 온몸과 짐 전체를 증기 소독하는 경험을 했으며 사기꾼도 만났다. 고독했고 외로웠지만 친구도 많이 만났다. 세계 각국의 청년과 노인이 이야기 상대가 되었고 우리는 서로의 인생 책에 자기 이름을 적어 넣었다. 나도 책 한 권 분량의 이야기는 갖고 돌아왔던 것이다.

그중에는 한국의 중년 남성들도 있었다. 최소한 30일 이상의 시간을 낼 수 있는 사람이 많지 않으므로 대부분은 학생들을 가르치는 직업을 가졌거나 퇴직한 분이거나 자유직업을 가진 사람이다. 평소에 한국의 중년 남성들을 별로 좋아하지 않았지만 길에서 만난 이들은 예의 바르고 좋은 성품을 지닌 분들이었다. 그런데 그런 것과 상관없이 이분들이 걷는 모습을 보면서 참 복잡한 생각이 들었다.

다른 사람들은 몰라도 카미노에 온 한국의 중년 남성들은 체력이 굉장히 좋다. 매주 산행을 하거나 다른 운동을 해서 인지 기본적으로 다져진 체력이 있어 걷는 속도도 굉장히 빠르고 하루에 걷는 길이도 대단하다. 문제는 이분들이 도대체가 멈출 줄을 모른다는 거다. 하루에 30킬로는 기본이고 많게는 50킬로미터씩 걷기도 한다. 그렇게 줄곧 걷는다. 그러다가 다리에 무리가 가서 아파야 쉰다. 그러지 않으면 계속 간다. 시간이 없나? 아니다. 그들에겐 충분한 시간이 있었다. 앞뒤로 짧은 여행 일정까지 합해서 46일로 잡았던 나와 비슷하거나 하루 이틀 짧은 일정이었다. 그들은 말로는 "천천히 갈 겁니다. 즐겨야지요. 내일부터는 조금만 걷고 쉴 겁니다."라고 한다. 하지만 그들은 그럴 수가 없다. 멈추는 방법을 모르기 때문이다.

20킬로만 가고 쉬어야지, 했으나 그 20킬로에 도달한 시간이 너무 이르다. 목적지에 왔으나 할 일이 없다. 갑자기 무료해진다. 그냥 내처 간다. 그래서 계속 걷다 보니 40킬로도 되고 50킬로도 된다. 군대 행군하는 것처럼 걷는 그들을 보고 "옛날 생각이 나서 저렇게 걷나?" 했을 정도다. 왜 그렇게 빨리, 많이 걷느냐고 물으면 아무리 그러지 않으려고 해도 자꾸만 경쟁 심리가 따라붙는다고도 했다. 순례길에 무슨 경쟁심리? 앞뒤로 같이 걷는 다른 순례자들과 무의식중에 경쟁하게 된다는 거다. 저들보다 빨리 목적지에 도착하리라! 그것도 대상을 자기보다 훨씬 젊은 사람들로 선택한다. 물론 자기 혼자, 마음속으로만. 그중에는 20대 초반의 프랑스 젊은이랑 경쟁적으로 걷다가 급기야 무릎에 무리가 와서 억지로 멈추게 된 사람도 있다. 그들은 만나기만 하면 "오늘은 몇 킬로나 걸었어요?", "며칠 만에 여기까지 왔어요?", "앞으로 며칠 걸릴 거 같아요?" "한 시간에 몇 킬로나 걸어요?"라고 묻는다. 거짓말 같지만 사실이다. 무슨 걷기 대회에 온 사람들 같다.

그들은 말로는 "즐겨야지요."라고 하지만 실은 즐기는 방법을 모른다. 그렇게 빨리 걷기만 해서 구경은 언제 하겠냐고 말하면 좀 불편한 표정이 되어 "빨리 걸어도 볼 건 다 봐요"라고 대답한다. 하지만 그들이 본 것은 무엇일까? 다 봤다는 건 무엇을 의미하는가? 길가에 핀 이름 모를 수많은 아름다운 들꽃들과 해바라기 밭에서 웃는 해바라기를 발견하는 건 멈춰야 가능한 일이다. 구름이 이끄는 추억을 따라가거나 순례자에게 시원한 음료수를 제공하려는 맘씨 좋은 주민과 만나려면 멈춰야 한다. 마을에 도착해서 짐 풀고 맥주 한잔 하면서 쉬고 샤워하고 마을도 둘러보고 같은 숙소에 머물게 된 사람들과 장도 같이 보고 음식을 만들어 먹고 노래도 부르고 때로 속 깊은 이야기도 나누고 그냥 아무 생각 없이 풀밭에 누워 있기도 하고…… 그 모든 일이 그들에겐 매우 낯설고 어색하고 시간 낭비 같고 무료한 일일 뿐이다. 오늘 몇 킬로 걸었는지, 얼마나 빨리 걸었는지, 목적지엔 며칠 만에 도달할 것인가만 중요한 것이다. 그들을 보면서 생각했다. '즐겨야 한다'가 아니라 '어떻게' 즐기는지, 그걸 배워야 한다는 걸. 시간이 없어서 즐기지 못하는 게 아니라 시간이 주어져도 즐길 줄 모르는 게 한국 중년 남성들의 슬픈 초상이고 그들과 우리의 비극이다. 그들이 행복하게 잘 놀고 시간과 생을 즐길 줄 알아야 그들의 가족들도, 이 세상의 모든 이웃과 인간들이 행복해진다.

우리는 서로 다른 언어를 쓴다

사적인 자리에서나 수업에서 토론과 논쟁을 하게 될 때 남자들이 보이는 태도와 여자들의 행동에서는 다른 점을 느끼게 된다. 남성들은 서로에게 공감을 표시하는 일이 굉장히 적다. 이건 특히 공부하는 사람들에게 일반적이라는 생각이 들곤 했다. 그들은 상대의 말에 고개를 끄덕이거나 긍정의 반응을 하면 자존심이라도 상하는 양 행동하곤 한다. 마치 '나는 이미 다 알고 있는 내용이지만 내가 워낙 관대하니까 네 말을 들어주는 거' 라는 태도로 앉아 있곤 한다. 너에게 지지 않겠어, 라고 하는 무언의 의지 같은 게 느껴지곤 하던 그들의 태도는 어딘지 좀 우습기도 하고 불편하기도 하며

낯선 것이었다. 온라인 토론에서도 남성들은 서로를 '고수'
니 '내공을 보여준다'거니 하는 문장을 쓴다. 이건 무협지에
서나 나오는 단어다. 그리고 끝에 가서는 언제나 누가 이기
고 졌는지를 가르곤 했다. 토론이 서로 얼마나 잘났는지, 얼
마나 많이 아는지를 과시하는 장소가 되어버리는 것이다.

반면에 여성들의 대화에서는 누가 이기고 지는지를 가리는
데 있지 않다. 상대의 말에 크게 고개를 끄덕이는 것으로 동
의를 표시하고 유머에 큰 소리로 웃음으로써 공감대를 형성
하는 사람들은 언제나 여성들이다. 자기 의견을 얘기할 때
도 단정적인 어미를 쓰기보다는 동의를 구하는 언어를 구사
한다. 오래전 재미있는 책을 읽었다. 디트리히 슈바니츠의 〈
남자. 지구에서 가장 특이한 종족〉이라는 책이다. 들녘 출
판사에서 2002년에 나온 책인데 그 책에서 남녀의 이런 차
이를 소위 '공적인 언어'와 '사적인 언어'의 차이라고 설명
했다. 데보라 탄넨이라는 연구자는 이것을 '젠더 방언'이라
고도 한다. 남녀가 성장기에 서로 다른 언어 세계에서 성장
하기 때문에 언어소통 방식도 다른 거란다. 즉, 같은 단어와
문장 순서, 구조 등을 사용하지만 언어를 사용하는 규칙이

다르다는 것이다.

"남자들은 세계를 위계질서의 체계로써 인지하게 되며, 여기서는 좋은 자리를 차지하는 것이 중요하다. 이들에게 있어 의사소통은 경쟁과 위압적인 분위기 조성에 기여한다. 이들에게 중요한 것은 누가 더 우수한 자인지를 분명히 가려내는 일이다. 이들은 말로써 서로를 누르려고 하며 더 높은 서열을 차지하기 위해 투쟁한다. 따라서 이들은 비대칭적 대화를 선호한다. 이들에게 중요한 일은 이웃을 만드는 것이 아니라 자신의 서열을 주장하고 다른 자들을 해당 서열로 내려보내는 것이다. 따라서 이들은 고압적인 자세로 확정적 언어를 사용한다."

어쩜 내가 느낀 그대로를 적었을까 싶은 문장이다. 그런 걸 보면 학자들은 평범한 사람들이 몰랐던 사실을 알려준다기보다는 일상 속에서 흔히 느끼는 이러한 차이점을 정돈된 학문의 언어로 정리해 주는 사람들이다. 이렇게 대화 속에서 위계를 가리려는 욕망을 간직한 남성 중에서도 특히 지식인 남성에 대한 저자의 유머러스한 묘사는 일품이다.

"그가 부득이하게 가정이나 집안일을 돌봐야 할 상황에 처하게 되면, 그는 이 개별적 문제에서 즉시 사회 전체의 모순을 본다. 그러므로 그는 규모가 작은 일은 전혀 할 수 없다. 전셋집을 구하러 나서야 한다면 그는 우선 부동산 중개업소부터 차린다. 자녀를 유치원에 입학시키기 위해 결원이 있는 유치원을 알아봐야 한다면 그는 가족정책의 문제점에 대한 신문기사를 쓴다. 그가 부딪치는 것은 모조리 사회 개혁의 필연성에 대한 예가 된다. 아내나 여자 친구에 대해 화가 나면, 그는 우선 이들의 객관적 이해관계와 주관적 오류들을 규명한다.

그가 가진 고유의 매체는 토론이다. 그는 이 분야의 지리에 정통하다. 평생 이미 팔만 번의 토론을 이끌었다. 그는 훈련되어 있으며 사실상 난공불락이다. 그가 그 누구에 의해 설득을 당하는 모습은 유사 이래로 아직 한 번도 목격한 적이 없다.

(…… 중략 ……)

왜 그는 인도 대륙의 인구 과잉에 대해 염려하면서 자기 집 목욕탕 물이 새는 것을 수리할 생각은 하지 않는지 아내가 의아스럽게 생각하는 동안, 남편은 왜 그녀가 자신의 생각을 이해하지 못하는지를 의아하게 생각한다. 고장 난 수도꼭지는 자신의 위대한 모습을 두드러지게 해 줄 배경이 아니다. 그에겐 대형 무대가 필요하다. 인구과잉 따위의 세계적 문제는 그에게 그런 무대를 제공해준다. 유네스코가 이제 개입해야 한다! 그는 유엔 무대에서 연설을 하는 자신의 모습이 눈앞에 보인다."

이보다 더 유쾌하게 지식인 남성을 비튼 문장을 본 적이 없다. 지식인은 흔히 남보다 지성이 뛰어난 사람을 뜻하는 말이라 생각하지만 저자는 그것이 지성의 뛰어남과는 상관없다고 말한다. 대신에 지식인은 사회의 중요한 일들에 대해 공개적으로 고민하는 것을 자신의 과제로 삼고 살아가는 이들을 의미한다고 쓴다. 신문이나 각종 SNS를 보면 그 말이 딱 맞는다는 생각을 하게 된다. 온갖 시사 문제에 대해서 자기 견해를 밝혀야만 한다는 압박을 받고 있는 것처럼 보이는 사람들. 그들이 바로 '지식인'이다. 그들은 어떤 문제도 사회적인 것과 연결시켜 구조를 파악하고 비판하며 문제점을 해결하려 든다.

그렇다면 여성들의 대화는 어떨까? 두어 시간을 전화로 수다를 떨면서도 끊을 때 "중요한 얘기는 나중에 만나서" 하자고 한다는 여성들은 전화를 하는 동안 중요하지 않은 얘기만 했다는 의미일까? 해도 해도 끝나지 않는 얘기, 그렇다고 결론이나 해결책을 내는 것 같지도 않다. 그렇다. 그들은 이야기 자체를 즐긴다. 디트리히 슈바니츠는 이것을 여성들의 '인간관계의 언어'라고 말한다.

"남녀가 동성의 공동체에서 성장하는 사춘기 동안에 소녀들은 인간관계의 언어를 배운다. 그들은 세계를 공동체의 네트워크로 인지하게 되며, 말을 통해 대화 상대방의 친근감을 얻는 것의 중요함과 공감을 배우며, 상대방의 진술을 확인해주는 법을 배운다. 따라서 여자들은 거의 대칭적 대화만을 한다. 이것은 결속력을 다지는 데 기여한다."

여자들의 이런 대화 패턴은 유명 강사의 '남녀 대화법'에서도 인용된다. 남자들에게 여자와 잘 대화하는 법을 조언하면서 "정말?", "그렇구나", "저런……"만 가지고도 얼마든지 계속할 수 있으며 심지어 매우 호의적인 대화를 할 수 있다고 전한다. 실제로 여성들은 공감 이외의 다른 것을 기대하지 않는 경우가 많다. 그렇다면 결론은 어떻게 내는 걸까? 여기서 질문 자체를 바꿀 필요가 있다. 결론을 꼭 내야만 하나? 하는 것이다. 세상에는 굳이 결론이 필요하지 않은 경우가 많이 있다. 또 얘기하다 보면 자신의 문제가 뭔지 슬그머니 깨닫게 되기도 한다. 상대가 굳이 그걸 지적해 주지 않아도 내가 뭘 잘못했는지는 말하는 도중에 깨닫게 된다. 흥분해서 쏟아내다 보면 상황이 거의 정리가 되고 자기가 뭘 해야 하는지도 알게 되는 것이다. 그래서 많은 경우에는 화가 나 있을 때 같이 화를 내주고 아픈 부분을 어루만져 주기만 하면 나머지는 스스로 알아서 하게 된다.

여자들이 남자들과 대화를 하다가 어긋나는 이유는 대부분 상대 남성이 자신의 이야기에 공감보다는 판단하고 비판하며 해결책을 제시하려고 하기 때문이다. 그들은 늘 옳은 말만 하려고 한다. 누구보다 빨리 내가 이 상황을 정리하는 멘트를 해야겠다는 욕망. 여자는 자신이 원하는 게 그게 아니라고 말하지만 남자는 "해결책을 원하는 게 아니라면 뭐하러 지금까지 그런 얘기를 한 거지? 굳이 나한테 말이야."라고 이해할 수 없다는 반응을 보인다. 그래서 그들은 언제나 여자들을 가르치려고 한다는 말이 나온다. 그러니 서로 어긋날 수밖에 없다. 한 선배는 그렇게 끊임없이 가르치려고 하는 상대 파트너에 대해서 이렇게 말했다. "그래, 너 잘 났다. 네 말이 다 맞긴 한데…… 재수가 없다구"

서로 다른 언어 방식과 더불어 또 하나 중요한 게 있다. 남성들이 언어를 사실상 독점하고 있다는 사실이다. 이것은 '남자들만 말한다' 라는 말이다. 수다는 여자들의 전매특허라고 하는데 남자가 언어를 독점하고 있다니 이게 무슨 말인가? 여성의 언어는 주로 사적 공간에 한정되어 있어 그들의 말은 밖으로 전해지지 않는다. 하지만 남성의 언어는 공적인 공간을 채운다. 그들은 모든 것에 대하여 공적 영역에서 이야기한다. 2016년 8월 23일, 한겨레 신문의 〈권인숙 칼럼〉에서 그녀는 각종 대중매체에서 발언하는 유력한 남성들의 언어를 지적했다. 잠시 인용해 보자.

"해학과 탁월한 분석으로 인기가 높아 100만 다운로드의 에피소드도 수두룩한 유명한 정치 팟캐스트들의 출연자나

초대 패널들은 대부분 남성들이다. 이해할 수 있다. 정치나 경제 등의 영역이 그간 남성들의 것이었으므로 마땅한 여성 출연자를 찾기가 쉽지 않았으리라 짐작이 가기 때문이다. 하지만 〈노유진〉 팟캐스트에서는 보육 문제를 다루는 시간에서도 전 보건복지부 장관이었던 유시민만 자기 생각을 펼쳤을 뿐 그 문제에 관해 가장 현실적인 문제를 몸으로 겪었을 여성 출연자를 한 명도 부르지 않았다. 〈김어준의 파파이스〉에서는 더불어민주당 전국여성위원회 위원장 선거에 출마한 두 명의 여성을 불러놓고 정작 여성 관련 의제나 여성위원회에 대한 위상과 계획 등에 대해서는 묻지 않고 온통 현 정치판에 대한 이야기로 채워나갔다. 즉, 그들은 여성의 삶과 직결된 문제에 대해서는 알지도 못 하고 관심도 없는 채로 여성 문제에 대해서도 '말한다'."

여성들에게 말할 기회를 주지 않는 사회. 내 문제인데도 내가 말하는 게 아니라 타자가 '대신' 말을 하도록 만드는 것이다. 그것도 자기들 멋대로. '뭐시 중헌지도 모르면서'. 그럼에도 불구하고 남성은 여성의 대변자임을 자처한다. 뭐시 중헌디? 뭐시 중허냐고?

남자들은 말이 많다. 과거에도 말이 많았다. 그들은 결코 과
묵하지 않다. 과묵했던 적도 없다. 남의 이야기도 자기가 대
신했다. 여성에 대한 이야기도, 타자의 이야기도, 대부분은
듣지도 않고 다 안다는 듯이 말해왔다. 이제 그들은 남의 말
을 좀 들어야 한다. 제발 이제는 좀 입을 닫고 귀를 열자.

친한 사람들끼리의 대화

2016년 전반기에 사회를 떠들썩하게 만들었던 사건이 있었
다. 서울대, 고려대 남학생들의 단체 대화방에서 나눈 대화
가 신문에 보도된 것이다. 기사를 읽은 사람들은 경악했다.
대학생들의 대화라고 믿기 힘든 것이었기 때문이다. '새따'
라는 은어는 '새내기 따먹기'라고 했다. 그들은 같은 과 동
기와 후배 여학생들을 상대로 온갖 성적인 농담을 주고받았
다. 그들이 얘기하는 성관계는 폭력적이었고 여성을 성적으로
비하하고 대상화하는 것이었다. 그 대화 속에서 여성은 성적
노리개였다. 그중에는 양성평등센터에서 서포터즈로 일하던
학생도, 성 평등 지킴이를 했던 학생도 있었다. 놀라움이 채

가시기도 전에 건국대, 국민대, 서강대에서도 비슷한 사건이 터졌다. 여성에 대한 성적 비하와 대상화가 자신과 상관없는 여성에게만 해당되는 건 아니었다(물론 과 후배나 동기생이 상관없는 대상은 아니다만……). 심지어 자신의 애인에 대해서도 그런 말을 쏟아냈다. 섹스 후의 뒷담화. 그들은 사건이 외부로 알려지고 일이 커지자 정말로 놀란 듯 보였다. 왜? 친한 사람들끼리 그 정도 말은 일상적으로 주고받았고 아무도 그게 문제라고 인식하지 못했기 때문이다. 그런 '사적인 대화'가 공적으로 유출된 것이 오히려 문제가 아니냐는 반론도 있었다.

기사를 읽으면서 얼굴이 붉으락푸르락해진 내가 남편에게 화를 쏟아냈다. "어떻게 학생들이 이럴 수가 있지? 요즘 애들이 이상한 거야, 아니면 원래 남자들이 이랬던 거야?" 남편은 침착했다. "이게 오늘날에만 있는 특이한 현상은 아니다"라는 대답이다. 자기 시대에도 남성들은 여성에 대해 이런 식으로 대화를 나눴다는 말이다. 군대에서, 학교에서, 직장에서, 남성들이 여성을 상대로 벌이는 온갖 시시껄렁한 농담부터 지독한 음담패설까지. 여성의 인권 개념이 없던 시대에는 더 하면 더 했지 결코 덜 하지 않았으리라는 건 너무나 뻔한 얘기라고 했다. 그는 내게 "옛날 사람들은 점잖고 인격적으로 훌륭해서 여성을 인격적으로 대했겠냐?"라고 되물었다. 흥분을 가라앉히고 생각해보니 그 말이 맞다. 남자들끼리 있을 때 여성에 대해서 어떤 말들을 주고받았겠는가? 다만 우리가 잊고 있었거나 과거를 미화하고 있거나 기억하고 싶지 않았던 것일 뿐이다.

수잔 손택은 그의 저서 〈타인의 고통〉에서 "이 세상에 온갖 악행이 존재하고 있다는 데 매번 놀라는 사람, 인간이 얼마나 섬뜩한 방식으로 타인에게 잔인한 해코지를 손수 저지를 수 있는지 보여주는 증거를 볼 때마다 끊임없이 환멸을 느끼는 사람은 도덕적으로나 심리적으로 아직 성숙하지 못한 인물이다. 나이가 얼마나 됐던지 간에, 무릇 사람이라면 이럴 정도로 무지할 뿐만 아니라 세상만사를 망각할 만큼 순수하고 천박해질 수 있을 권리가 전혀 없다."라고 쓴다. 그녀가 그렇게 단정적으로 썼음에도 불구하고 나는 사회 문제가 터질 때마다 매번 놀라고 분노하고 절망하고 지긋지긋해 한다. 마치 생전 처음 그런 일을 본다는 듯이. 수잔 손택에 따르면 그런 나는 무지하고 심리적으로 성숙하지도 못하며 천박한 인간이다. 과거에 이미 벌어졌던 더 끔찍했던 일도 기억하지 못하고 새삼스럽게 놀라며 세상을 있는 그대로 바라보지도 못하는 사람이다. 이렇게 반성하면서도 또 시간이 지나면 나는 또 놀랄 것이다.

예전에도 남성들은 여성을 상대로 성적 농담을 일삼았고 폭력적인 언어를 사용했으며 지금도 그렇다. 문제가 해결되지 않은 거다. 다만 예전에는 그걸 기록으로 남길 수 있는 매체가 없었을 뿐이다. 예전의 남성들은 만나서 대화를 했고 그건 공중으로 흩어져버렸다. 하지만 오늘날 사람들은 만나는 대신 카톡으로 대화를 주고받는다. 그건 기록에 남는다. 그게 문제라고 인식해 본 적도 없다. 왜? 언제나 그래왔고 그게 그들끼리의 친밀함을 표현하는 방법이니까. 오래전부터 있어왔던 '그들만의 친밀한 대화'는 다만 이전에는 은밀하게 이루어졌고 그게 밖으로 드러나서는 안 된다는 점을 공유했지만 지금은 그것을 글로 주고받으면서 남에게 보여주며 자랑까지 한다는 점이 다를 뿐이다. 그렇게 해서 외부로 유출되고 사회문제가 되니 그제야 놀라고 있는 것뿐이다.

부끄러움이 상실된 우리 사회의 단면이다. 이 문제는 남녀평등이 이루어지기 전까지는 아마도 계속될 것이다. 그러나 최소한 이렇게 사회문제화된 다음부터는 조심하게 될 것이므로 아주 나쁘지는 않다. 우리 사회가 적어도 그게 문제라고 얘기할 정도는 되었기 때문이다.

남자들의 불만. 역차별

세월은 흘러 2016년이다. 내 나이 또래 사람들의 자식이 이십 대를 사는 시대가 된 것이다. 당연히 뭔가 달라졌어야 한다. 그리고 달라졌다. 여성들의 대학 진학률이 남성들의 진학률을 넘어섰다. 그들은 대학원도 가고 유학도 가고 박사도 한다. 오늘날 젊은이들은 여자라서 못 배운다는 말은 호랑이 담배 피던 시절의 얘기라고 웃을 것이다. 미술 대학 등 과거에 남초 현상이 두드러졌던 대학의 많은 학과에서 여성이 압도적인 다수가 된 지도 오래되었다. 예술이나 천재, 창조성 등이 남자들의 전유물이던 시대가 있었지만 지금은 그 말이 무색해져 버렸다. 어느 분과이건 여성이 한 명도 없는 분야를 찾기가 힘들어진 시대가 되었다. 직업 영역에서도 마찬가지다. 여자들은 과학자가 되기도 하고 판사가 되기도 하며 엔지니어도 된다. 그녀들은 축구도 하고 마라톤도 하며 권투나 역도 선수도 된다. 이제 성역은 별로 없는 것처럼 보인다. 그렇다면 우리는 정말 남녀평등이 이루어진 세상을 살고 있는 것일까?

실제로 학생들과 토론을 하다 보면 남학생들 가운데 남성들이 역차별 당하고 있다고 말하곤 한다. 자기들이야말로 남녀평등을 원한다고, 지금은 '여성우월사회'라고 말이다. 그렇게 말하는 근거가 뭐냐고 물으면 우리 사회가 여성에게 너무나 많은 특혜를 준다고 대답한다. 잠시 어리둥절해진다. "예를 들면…… 주차장에도 여성전용 주차장을 따로 만들죠. 여자들만 생리휴가도 받죠. 여자는 군대도 안 가죠. 남자들이 군대 가서 '빵이 치는' 동안 그들은 공부 빨리 끝내고 스펙도 쌓아서 취직하고 자기 경력을 쌓을 수 있잖아요. 그리고 왜 쓸데없이 흡연실도 여성 전용을 만들죠? 남녀평등 부르짖으면서 데이트 비용은 남자가 더 내야 하고 클럽에 들어갈 때도 여자는 공짜예요. 여자들은 결혼할 때는 돈 많은

능력 있는 남자를 원하고 혼수 비용도 남자가 월등히 많이
내야 하죠. 비교가 안 돼요. 이 정도면 우리나라는 여성 상
위라고요."

우리나라 젊은 남자들이 역차별 당하고 있다는 근거로 내놓
은 것들을 보면 그들이 얼마나 근시안적이며 이기적으로 사
고하는지를 알 수가 있다. 그들은 주차장 같은 곳에서 얼마
나 많은 강력 범죄가 저질러지는지, 그리고 여성들이 얼마
나 위험한 폭력 범죄의 대상이 되는지는 살피지 않는다. 흡
연 부스도 마찬가지다. 나는 50이 된 지금도 밖에서 담배를
피울 때면 미친년 쳐다보듯 하는 사람들의 험악한 시선을 감
수해야 한다. 지금이야 남녀불문하고 흡연을 범죄 보듯 하
는 시대이니 그렇다고 쳐도 예전에 남자들은 자유롭게 아무
데서나 흡연하던 시절, 여성들은 지붕이 있는 곳으로 찾아
들어가야 했었다. 지금도 상황은 그렇게 크게 달라지지 않
았다. 또한 남자들은 생리통이 얼마나 고통스러운지 알 리
가 없고 또 알려고도 하지 않는다. 나는 한 달에 4-5일은 꼬
박 누워있어야 할 만큼 끔찍한 고통에 수십 년간 시달렸다가
겨우 몇 년 전에 해방되었다. 선근종, 자궁내막증, 자궁근종,

이렇게 자궁 3종 세트가 생겨서 도저히 일상이 불가능할 정도가 되어 결국 떼어내는 수술을 하고 나서야 그 지긋지긋한 통증에서 벗어날 수 있었다. 생리휴가 하루 갖고는 어림도 없는 여자들이 얼마나 많은지 그들은 알 리가 없는 것이다. 그건 그렇다 쳐도 "진정한 남녀평등을 위해선 여자도 군대 가야 합니다."라고 주장하는 남학생 앞에서는 '이걸 어떻게 하나' 걱정이 되었다.

몇 년 전만 해도 이런 얘기가 나오면 여학생들은 별로 말을 하지 않았다. 그런데 2-3년 전부터는 분위기가 바뀌었다. 선생인 내가 아니라 여학생들이 말을 하기 시작한 것이다. "군대에서 여자를 제외한 건 여자들이 아니에요. 남성 사회가 남자들끼리의 기득권을 위해서 여자들을 군대에서 제외했어요. '대한민국 국민은 국방의 의무를 지닌다'라고 헌법에 써놓고 그 국민에서 여자를 제외한 거죠. 그렇게 해놓고 여자들 보고 군대 안 간다고 비겁하다고 말하는 건 잘못된 거죠. 지금도 숫자로 전쟁하거나 방위하는 시대가 아니라서 군인 숫자를 줄이려고 조정하는 판에 여성들까지 군대에 보내야겠어요? 그리고 여자를 군대에 보내기 위해 그들이 투입

해야 할 게 얼마나 많겠어요. 그뿐만이 아니에요. 여자 군인을 군인 취급하지도 않죠. 그들은 여전히 남자 군인들의 성적 대상화가 되죠. 군대 내에서 얼마나 많은 성차별과 성희롱이 벌어지는지 알지 않나요? 실질적으로 남녀평등이 이루어진 다음이라면 여자 군인 문제도 해결될 겁니다." 나는 그 여학생 발언에 놀랐다. 그 전에는 "그럼 남자들도 애 낳아보라고 해요." 정도였던 여성들의 반응이 이렇게 달라진 것이다. 그리고 올해 더 눈에 띄는 변화는 다른 남학생들 가운데서도 여자들도 군대 가야 한다고 했던 그 학생의 발언을 불쾌하다고, 잘못되었다고 지적하는 사람이 나왔다는 거다.

2016년 8월 25일 시사IN 기사에 매년 세계경제포럼(WEF)에서 발표하는 '젠더 격차지수'가 실렸다. 2015년에 한국은 전체 145개국 중에서 115위였다. 아니, 이거 뭔가 잘못된 게 아닐까? 한국 남성들이 느끼는 개인적 체감 지수로 치면 한국은 선두에 서야 하지 않을까? 이 지수는 경제참여와 기회, 교육, 건강, 정치권력을 기준으로 산출된다. 남성들이 체감하는 것과는 달리 실제로 여성들의 지위가 그렇게 높지 않음을 알 수 있다. 앞에서도 언급했듯이 교육을 기준으로 보면 노인층에서 여성의 문맹률은 상당히 높으며 고등교육을 받은 사람은 극소수다. 집안이 좋거나 그들 부모가 여성 교육에 대해 깨인 의식을 지니고 있어야만 가능했던 이야기다. 그래서 오늘날 젊은 여성들의 교육 수준이 급격하게 높아졌음에도 불구하고 아직 우리나라 여성들의 평균 교육 지수는 낮은 수준에 머물고 있는 것이다. '젠더 격차지수'에서 낮은 점수를 받은 결정적인 요인으로 시사IN은 여성들의 정치·경제적 수준을 꼽는다. 이것은 전체 145개국 중에서 125위다. 믿을 수 없겠지만, 남성들이 여성 인권이 현저하게 낮을 것이라고 믿고 싶어 하는 이슬람 국가들보다도 낮은 수치다. 이것을 보고 한국 남성들은 결과가 잘못 산출되었다고 비판할지도 모르겠다. 여자들이 남성들의 직업까지 다 뺏어가고 있다고 불안해하는 마당에 실제 수치와 남성의 주관적 체감 수준은 이렇게나 차이가 난다.

그런데 여자들이 그렇게 많이 배웠으면 뭐하나? 교육 수준은 높아졌어도 취직의 문은 남성보다 좁디좁다. 그리고 여성이 많이 일하는 분야는 예나 지금이나 대부분 저임금 서비스 업종이다. 대부분은 남성들이 꺼려하는 직종에서 일하는 것이다.

그녀들이 하는 일은 대부분 집안에서 하는 가사나 돌봄 노동의 연장선상이거나 타인의 불만을 들어주는 상담 업무다. 그것은 일반적으로 노동의 가치를 제대로 인정받지 못하고 각종 성희롱에 시달리며 자신의 감정은 절대로 노출해서는 안 되는 감정 노동들이다. 이렇게 성별화된 직업은 생물학적 성별 고정관념에서 벗어나지 못한 결과다. 통계표를 보면 대학을 나와 취직을 한다고 해도 여성은 남성이 받는 소득의 79%밖에 받지 못한다. 이것도 최근에 급격하게 많이 높아진 수치다. 몇 년 전만 해도 65% 정도였다고 한다. 그 많은 여성의 경력 단절은 또 어쩔 것인가? 결혼하고 아이를 낳으면 누군가 또 다른 여성(주로 그들의 엄마)이 절대적으로 도와주지 않는다면 일을 계속할 수가 없다. 할 수 없이 일을 중단한 여성들은 재취업의 높은 장벽 때문에 다시 처음부터 도전해야 한다. 비정규직 숫자를 보거나 최저임금도 못 받는 노동자의 비율을 보거나 여성이 월등히 높다. 여자가 남자보다 가난하다는 건 분명한 사실이다.

그렇다면 전문직은 상황이 나을까? 똑같이 박사를 하고 유학을 했어도 교수는 남자를 선호한다. 영국 이코노미스트에서 발표하는 '유리천장 지수'에서 우리나라는 OECD 29개국 가운데 최하위였다. 여성의 노동으로 벌어들이는 수입은 여전히 부수입이라고 간주되기 때문이다. 기업에서 여성 임원 비율은? OECD 평균이 18.5%인데 우리나라는 2.1%다. 정치권은? 대통령이 여성이라고 여성 의원 비율도 높을까? 눈에 띄는 사람들 몇 명 있다고 여권이 높아진 건 아니라는 건 수치를 들먹이지 않아도 금방 알 수 있는 일이다. 20대 국회에서 여성 국회의원은 17%란다. 2008년도 13.8%와 비교하면 많이 올라간 수치지만 국제의원연맹 회원국의 평균인 22.6%에도 못 미치는 수치다. 스웨덴 같은 나라는 거의 절반이 여성 국회의원이라는 걸 보면 우리의 갈 길은 아직 멀었다는 걸 알 수 있다(물론 그 나라에서는 국회의원이 갖가지 특권을 지닌 권력의 자리가 아니라 공익을 위해서 일하는 봉사직이라는 의식이 강하다. 그러므로 그런 봉사직에 성별 차등을 둘 이유가 없을지도 모른다).

그럼에도 불구하고 우리나라 남성들은 여성 인권이 높아져서 역차별 당하고 있다고 볼멘소리를 한다. 그건 그만큼 과거에 남성이 누리던 특권이 많았기 때문에 상대적으로 느끼는 위기감일 뿐 현실은 아니다. 남자들이 예전에 비해 살기가 힘들어진 건 맞지만 분명한 건 그게 대부분은 여자들 때문이 아니라는 걸 그들은 모르고 있거나 알고 있더라도 잊고 싶을 뿐이다.

남성과 폭력

2016년 5월 17일은 화요일이었다. 광주 민주화 운동이 있었던 5.18 기념행사를 하루 앞둔 날이었고 바로 전날 소설가 한강이 〈채식주의자〉로 맨부커상 인터내셔널 부분의 수상자로 결정이 나서 축하 분위기로 들떠있기도 했다. 가수이자 화가로 활동하던 조영남이 그간의 그림을 대작했다는 의혹으로 검찰이 압수수색을 했다는 소식이 있었고 미술계에서는 그것이 관행이냐 사기냐로 갑론을박했던 날이기도 하다. 날씨는 맑았고 예년보다 약간 기온이 높아 여름이 일찍 찾아왔다고 호들갑을 떨었던 그런 평범한 날이었다. 한 신문기사가 나오기 전까지는……

그날 새벽 강남역 근처 노래방 화장실에서 한 여성이 주방용 식칼에 4차례나 찔려 사망했다. 살인자는 34살의 남성으로 화장실에 숨어 있다가 살인을 저질렀다. 그런데 피해자가 화장실에 오기 전까지 그곳을 다녀갔던 6명의 남성은 그냥 돌려보냈다. 그가 조현병으로 치료를 받았다는 사실이 알려졌고, 평소에 여성들에게 무시를 당해 참을 수가 없어 범행을 저질렀다고 신문은 보도했다. 사실 이런 사건이 처음은 아니다. 길거리에서 여자라서 살해당한 일이 어디 한두 건이겠는가? 하지만 이 사건의 파장은 컸다. 여성들이 강남역으로 모였고 추모와 분노의 언어를 포스트잇에 담아 붙이기 시작했다. 강남역 10번 출구는 졸지에 남성 폭력과 여성 혐오를 일깨우는 성토의 장이 되었다.

그동안 침묵했던 그녀들이 말을 하기 시작했다. 오래전부터 금이 가 있던 댐이 무너져내리듯 한 번 터진 말문은 닫힐 줄 몰랐다. 살인자가 단순 조현병 환자이기 때문인지, 아니면 뿌리 깊은 여성 혐오에 의한 범행인지를 가지고 싸움하듯 논쟁이 오갔다. 조현병이 원인인지 여성 혐오가 원인인지가 뭐가 중요하냐고 묻는 사람도 있었다. 하지만 '피해자가 여성이라서 죽었다'라고 생각하면 '단지 여자라는 이유만으로' 언제 어디서든 죽을 수 있다는 이야기가 되므로 예민해질 수밖에 없는 문제였다. 강남역 10번 출구. 그곳은 그녀들이 발언하는 장소가 되었다. 머뭇거리던 여성들은 자신이 겪은 온갖 폭력에 대하여 이야기했다. 그것은 곧 온라인으로도 번졌다. 페이스북, 블로그, 트위터를 통해서도 자기 경험들이 쏟아졌다. 몰랐던 얘기들은 없었다. 단언컨대 대한민국에서 살아가는 여성이라면 단 한 번도 성희롱과 성폭력을 겪지 않고 살 수 있는 사람은 없을 것이다. 만약 당신이 정말로 한 번도 그런 일을 겪지 않았다면 당신은 매우 행복한, 그러나 정말로 희귀한 예에 속할 것이다.

대한민국에서 여성으로 살았던 나도 당연히 성희롱과 성폭력의 경험이 있다. 그것도 매우 많은 경험을 줄줄이 쏟아낼 수 있을 정도다. 초등학교 다니던 시절 버스 옆자리 남자가 허벅지 밑으로 손을 집어넣어 만졌던 사건부터 중고등학교 만원 버스에서 몸 비비던 남자들, 화장실 문 앞에서 그 작은 문틈으로 자위행위를 하던 남자와 늦은 밤 가슴을 쥐어뜯듯 만지고 웃으며 멀어지던 변태에 이르기까지 일일이 거론

하자면 끝도 없다.

2016년 강남역 사건 이후 셀 수 없이 많은 여성이 그토록 아픈 자기 경험들을 밖으로 쏟아냈다. 사람들은 놀랐다. 나만 그런 줄 알았는데 아니어서 놀랐고 그 정도일 줄 몰랐는데 상상을 초월한 숫자와 다양한 경험이어서 놀랐다. 그런데 그게 놀랄 일이었을까? 아니다. 그게 놀랄 일이었다면 대한민국에서 여성으로 사는 일이 그렇게 힘든 일일 리가 없다. 그렇게 여성들의 폭로와 자기 고백이 넘쳐나는 그동안에도, 그리고 그 이후에도 여성을 향한 폭력은 끊이지 않고 일어나고 있었다. 2016년 8월 28일 기사에 보면 성폭력 범죄는 10년째 계속 증가했다. 2005년에 1만 1,757건이었던 성폭력 범죄는 2014년 2만 8,504건이었다. 피해자의 95.2%는 여성이었다. 그건 눈에 드러난 사건이고 실제 범죄율은 그보다 네다섯 배는 많다고 추정한다. 연구자들은 통계에 잡히지 않는 범죄가 87%가 넘는다고 말한다. 성폭력을 제외하고도 여성 대상 일반 폭력사건 또한 끊임없이 증가했다. 그녀들은 어디 가서 자신의 요구를 할 수가 없었다. 담뱃불을 꺼달라고 했다고 맞고 복잡한 차 안에서 다리를 치지 말라고 했다고 폭행

당하고 헤어지자고 말했다가 감금당하고 다시는 만나지 말자고 말했다가 죽었다. 일부 남성들은 물었다. 남자도 폭행당한다고. 맞다. 통계에 의하면 4.8%는 남자가 당하는 폭력이었다. 그런데 그건 남성에 의한 남성 폭력도 포함하는 수치다. 눈앞에 보이는 절대다수의 폭력이 남성에 의해 저질러진다는 것은 변하지 않는 사실이다.

그렇다면 왜 남자들은 이렇게 폭력적인 것일까? 누군가는 중고등학교 때부터 군대에 이르기까지 선배로부터, 힘센 동기로부터, 선생으로부터 폭력을 당하며 자라서 쉽게 폭력에 익숙해져서 그렇다고 한다. 아주 근거 없는 얘기는 아닐 것 같다. 하지만 똑같이 폭력적인 분위기 속에서 자라도 누군가는 폭력을 쓰고 누군가는 쓰지 않는다. 그러므로 이 말은 남성의 폭력을 모두 설명해주지는 않는다. 또 누군가는 "생물학적인 남성과 사회적 남성성 간의 긴장 때문에 남성이 폭력적이 된다."라고 주장한다. 남성학자 미하엘 카우프만의 말이다. 그에 따르면 남자들이 나면서부터 폭력적이지는 않지만 사회적으로 남성들에게 너무 높은 수준의 남성성을 요구하기 때문에 실제적인 자신의 한계와 이상적인 남성성 사이의 간극에서 오는 긴장과 압박감으로 인해 폭력적이 된다는 설명이다.

어떤 일이 있어도 울면 안 되고 인내심 강해야 하며 체력도 강해야 하고 국가가 위기에 처하면 목숨을 내걸고 전쟁터에도 나가야 하고 가정을 책임질 능력과 책임감도 있어야 하며 군대도 가야 하고 언제나 냉정함을 유지하며 팀을 이끌 리더십은 물론 여성에게 프러포즈도 먼저 해야 한다는 남성적 요구. 남자들 사이에서 남자로 인정받기 위해서 그들은 자신의 정서적이고 연약하며 감정적인 측면을 억누르거나 숨겨야 한다. 일단 남자들 사이에서 인정받으면 여성의 인기도 얻을 수 있을 뿐만 아니라 사회적으로 더 많은 권력과 노동을 보장받기 때문이다. 얼마나 매력적인가? 하지만 만약 그에 도달하지 못한다면? 남성성이 매력적인 것만큼 그것에 도달하지 못했을 때 오는 현실적인 불이익과 불안도 크다. 그러므로 이상적 남성성과 현실적 조건 사이의 긴장 속에서 남자들의 폭력이 발생한다는 설명이다. 페니스를 갖고 있다는 사실만으로는 부족하다. 살아남기 위해 자기가 남자임을 끊임없이 증명해야 하는 것이다!

다 맞는 얘기인지는 모르겠지만 어쨌든 분명한 건 남자들도 남자가 되기 위해서 참 힘든 과정을 겪어야 한다는 건 이해할 수 있겠다. 그렇다면 이러한 긴장 속에서 일어나는 남성들의 폭력을 줄이기 위한 방법은 있을까? 미하엘 카우프만은 일단 사회적으로 요구되는 남성성에의 높은 요구가 없어져야 한다고 말한다. 좋은 말이다. 남자라고 어떻게 다 그렇게 용감하고 적극적이고 책임감이 강하겠나? 남자는 어때야 한다는 그 요구 수준만 없애도 폭력의 많은 부분이 해소될 거라고 보는 것이다. 그런데 하나를 얻으면 하나를 잃는 법. 그러기 위해선 남성들에게 주어지는 인센티브 또한 없어져야 한다. 과연 그걸 포기하려고 할까? 또 다른 한 가지 방법은 그 남성성에 도달하기 위해 억눌러야 했던 인성의 또 다른 측면, 즉 감성과 감정을 표현하는 법을 배워야 한다고 미하엘 카우프만은 말한다. 한마디로 말하면, 지금까지 우리가 남성적이라고 일컫는 특성들, 그걸 없애버리라는 말이다. 이것은 결국 양성구도의 해체로 이어진다. 인간이 두 개의 성으로만 이루어져 있고 우리는 둘 중 어느 하나에 속해야 하며 그 성에 어울리는 성격과 특성을 지녀야 한다고 교육받았기 때문에 불행해지는 것을 막기 위해 인간 개체 수

만큼 성이 있다고 상상해보자는 것이다. 남자다운 척, 여자다운 척하며 사느라 진을 빼는 대신 각자 자기 생긴 대로 살 수 있지 않을까?

'남성은 잠재적인 범죄자가 아니다'라는 주장에 대하여

강남역 살인 사건 이후 여성들의 추모 발길이 이어지는 가운데 그런 분위기를 불편해하는 남성들이 등장했다. 그들은 '남성은 잠재적인 범죄자가 아니다'라는 문장을 쓴 피켓을 들고 대중들 앞에 나섰다. 그에 동조하는 사람은 한둘이 아니었다. 오프라인 공간에서 한둘씩 나타나던 그들은 온라인 공간에서는 넘쳐났다. 그들은 이것이 '묻지 마' 범죄였고 조현병에 걸린 개인의 일탈일 뿐인데 왜 모든 남자가 범죄자인 양 미움을 받아야 하는지 묻고 있었다. "사람을 죽인 것은 잘못된 일이지만 그렇다고 남자 전체를 증오하는 것은 안 된다"라고 추모장소에 나온 여성들을 타일렀다. '그렇지, 죄는 미워하되 사람은 미워하지 말랬는데 그 죄를 저지른 당사자도 아니고 선량한 대다수의 남자들까지 싸잡아서 욕을 하다니 말이 안 되지.' 아마도 그들은 이런 마음이었을 것이다.

내가 그런 게 아닌데, 나는 폭력을 쓴 적이 없는데, 한 번도 여성을 미워한 적도 없는데 왜 나를 향해 비난의 말을 쏟아내나 싶은 거다. 딴은 틀린 말은 아닌데 뭔가 불편하다. 왜? 맥락이 이상하기 때문이다. 혐오를 당한 당사자들이 '더 이상 혐오는 안 돼!' 라고 외치는 자리에서 그렇게 외치는 것은 혐오를 부추기는 것이기 때문에 안 된다고 말하는 것이니까. 부당한 일을 당해서 너무 억울해서 소리치는데 소리치는 건 좋은 방법이 아니라고 말하는 건 예의 바른 행동일지는 모르겠지만, 맞는 말은 아니다. 맥락이 틀렸기 때문이다.

그다음에 든 생각은, 왜 그들은 그 말이 자신을 향한 말이라고 해석하는가 하는 것이다. 범죄와 폭력에 대해서 이야기할 때 그것은 '남성 중심의 사회' 혹은 '남성 일반' 에 대한 이야기이지 특정한 '남성 개인을' 이야기하는 게 아니다. 그런데 그 구분이 잘 안 되는 모양이다. 20세기 초에 오토 바이닝거라는 심리철학자가 있었다. 그는 남성과 여성의 특징에 대하여 책을 썼는데 남성의 특징 중 하나가 '아와 타를 구분할 줄 아는 능력'이라고 했다. 바로 이것 때문에 남성은 철학이 가능하다고 주장했다. 그런데 자신과 타자를 구분할 수 있다는 그 능력이 현실에선 종종 상실되는 걸 목격한다. 이것은 남자로서 상징화된 권력을 자신과 동일시하려는 욕구일까? 아니면 은밀한 '권력의지'의 천박하고 세속화된 형태일까?

문제는 이렇게 '남성 일반의 폭력', '권력을 쥔 자가 약자에게 가하는 폭력'에 대해 말하는데 자꾸만 '네가 폭력적'이라는 말로 듣는 데서 생겨난다. 너는 순할 수 있어도 남성 중심의 사회가 폭력적이라는 것마저 부정하면 안 되는 거다. 그렇게 일반적인 이야기와 특정 개인에 대한 이야기를 혼동하는 경향은 사실 여러 측면에서 나타난다. 특정 대학을 나온 사람들이 같은 대학 출신 사람이 저지른 추한 행동에 대해 마치 자신이 저지른 일처럼 수치심을 느끼거나 국내 정치 경제 상황에 대해 격렬히 비판하고 거리를 두던 사람이 해외여행 가서 자국 대기업 브랜드 광고를 보면 왠지 모를 뿌듯함과 자부심에 넘쳐 스스로를 애국자가 된 것처럼 느끼는 것이다.

집단과 개인은, 혹은 타자와 자신은 이렇게 서로 구분되지 않고 섞여서 한 몸을 이루곤 한다.

집단과 개인을 구분하지 못하고 '착하고 순진한' 본인을 잠재적 성폭력자로 본다고 화를 내는 남성들에게 한 가지 더 이야기할 게 있다. 남성의 폭력성이 어떤 한 개인을 지목해서 하는 말은 아니지만 여성들 입장에서 보자면 성폭력자를 구분할 수 있는 기준이 없다는 점이다. 신문을 유심히 보자. 성폭행범을 유형화할 수 있는 근거가 있나? 그들은 자주 피해자와 아주 가까운 사이였다. 친아버지, 양아버지, 시아버지, 삼촌, 오빠, 형부, 사촌오빠, 남자 친구, 남편, 헤어진 애인이 폭행의 당사자였다. 지어낸 말이 아니다. 신문에 난 성폭행 사건의 가해자 신분을 적어놨을 뿐이다. 그렇다면 친족 관계로 얽히지 않은 사람은 어떨까? 옆집 아저씨 혹은 이웃집 할아버지, 신발가게 아저씨, 군인, 경찰, 국회의원, 변호사, 교수, 학교 선생님, 목사님, 신부님, 스님, 시인, 소설가, 대학 선배, 후배, 동기생, 고등학생, 중학생(심지어 초등학생까지도), 의사, 기자, 노숙자, 교도관, 공무원, 진보운동가…… 전혀 상관없이 그냥 지나가던 남자들, 화장실에 숨어 있던 낯선 남자에 의한 폭력만 있는 게 아니라 전혀 그럴 수 없다고 생각하는 사람부터 아무 상관없는 사람에 이르기까지, 직업도 특정한 어떤 직업인이 아니라 종교 지도자들에 이르기까지 거의 무차별적으로 모든 사람이 성폭행을 저지른다. 범죄가 일어나는 시간대도 마찬가지다. 성범죄는 한밤중에만 일어나는가? 그래서 밤늦게 다니지만 않으면 안전할까? 전혀 그렇지 않다. 새벽에도, 심지어 대낮에도 버젓이 벌어진다. 장소는? 학교 캠퍼스에서도, 교회 안에서도, 길거리에서도, 산에서도, 밭에서도, 자기 집에서도, 술집에서도, 법당에서도, 화장실에서도, 주차장에서도 벌어진다. 도저히 유형화를 해낼 수가 없다. 여기서 어떤 남자는 안전하다고, 어떤 시간대와 어떤 장소는 괜찮다고 뽑아낼 수가 있는가? 여성들이 자신을 잠재적 폭력자로 보지 않을 이유를 한 번 들어보라. 주위를 둘러싼 모든 남자를 '잠재적 성폭력자'로 의식하고 몸 사리며 살아야 하는 게 한국에서 살아야 하는 우리 여성들의 비극적인 현실이다.

그런데 생각해보면 타자와 자기 자신을 구분하지 않거나 못하는 것이 매번 부정적인 것은 아니다. 이것이 긍정적으로 작용할 때는 타인의 아픔에 공감할 때다. 끔찍한 불행을 겪은 사람을 보거나 그의 이야기를 들을 때 마치 자신의 일처럼 마음이 아프고 그의 슬픔에 깊은 공감을 해서 더 나아가 연대를 형성하는 능력. 그거야말로 아와 타의 경계가 느슨해지는 아름다운 순간이고 경험이라고 할 수 있다. 그런데 '남성 일반'에 대한 이야기를 '개인'의 문제로 인식해서 아타가 흐려지곤 하는 남성들이 유독 '공감'의 능력은 떨어진다고 한다. 누군가 다치거나 아픈 상황을 보고 같이 울거나 그의 상처를 보듬는 능력이 남자가 더 떨어진다는 거다. 그런데 이 말은 정말 맞는 것일까?

이것은 사실 남성만의 문제는 아니다. 숫자를 일일이 센다면 공감 능력이 떨어지는 남성의 숫자가 더 많을 수야 있겠지만 여성이라고 공감 능력이 모두 뛰어난 건 아니라는 이야기다. 또한 자신의 경험을 넘어서 보편으로 확장하는 능력도 성적 차이라기보다는 개별적인 특성이고 자기 성찰과 사고력의 차이일 수 있다.

내가 아는 한 여성 작가 A의 작품이 페미니즘적으로 해석이

되곤 했다. A는 그 사실을 매우 불쾌하게 생각했다. 한사코 자기 작품을 그렇게 해석하지 말아 달라고 얘기하고 다녔다. "나는 자라면서 한 번도 차별을 받아본 적이 없다. 여자라고 교육을 덜 받지도 않았고 여자라고 특별히 보호받으면서 자라지도 않았다. 내게 있어 여성이라는 조건은 걸림돌이 된 적이 없고 내 작품에서도 그런 건 주제로 삼은 일이 없을 뿐만 아니라 내 관심사가 전혀 아니다. 그런데도 자꾸만 페미니즘적으로 해석하는 건 잘못된 것이다."라는 게 그녀의 주장이었다. 여기서 작품이 외부로 나와 일단 작가의 손을 떠나면 해석을 독점할 수 없다는 미학적 이야기는 잠시 접어두도록 하자. 나는 그녀에게 시몬느 드 보봐르 여사의 이야기를 들려주었다. 보봐르가 어디선가 그에 관한 이야기를 쓴적이 있기 때문이다. 어려서부터 똑똑하고 공부도 잘했던 보봐르도 가정에서건 어디서건 차별 받은 경험이 없다고 이야기한다. 하지만 '자신이 그런 경험이 없다고 해도 인류의 절반인 다른 여성들이 억압받고 차별받은 역사가 없어지는 건아니다. 철학자는 자기 경험을 넘어서 사고하는 사람이다. 이 세상을 오로지 자신의 경험에만 의지해서 세상을 바라보는 사람은 멍청한 것'이라고 일갈했다. 어디서 읽은 건지,

이 문구가 정확하게 맞는 건지는 확신할 수 없지만 분명 이런 내용이었다고 기억하는 멋진 말이라서 종종 인용하곤 한다. 그때 A가 내 말에 수긍을 했는지 어쨌는지는 별로 기억나지 않는다. 하지만 여전히 자신의 작품에 페미니즘적 해석을 하는 것을 불편해한다는 건 변하지 않았다.

자신의 경험을 넘어 타자에 공감하거나 자아 성찰을 통해 전체를 볼 수 있도록 하는 데는 독서도 중요하고 '미적 교육'도 중요한 역할을 할 것이다. 남성들의 내재된 폭력성을 극복하기 위해서도 우리 교육에서 독서와 예술 교육은 절대적으로 필요하다. 한 여성의 살인 사건에서 여성들이 자기 경험을 넘어 피해자와 공감하고 서로 연대하여 남성의 폭력성을 비판할 때 남성들은 그것을 자기 자신에 대한 비판으로 받아들여 상처받는 대신, 자기 자신은 그런 폭력성을 휘두른 적이 없더라도 자기 개별 경험을 넘어서 많은 남성이 폭력 범죄를 저지른다는 것을 인정하고 여성들과 연대해야 한다. 그것이 남성들이 남자라는 이유로 잠재적 범죄자로 의심받지 않을 수 있는 유일한 방법이다. 그리고 그것만이 성적 차이를 넘어서 사회적 연대를 이룰 수 있는 긍정적 방법이다.

성폭력 피해자에게 드리는 글

오래된 일입니다. 25년이나 지난 일이니까요. 끔찍했던 기억
이고 누구에게 함부로 이야기할 수 있는 성질의 것도 아닙
니다. 그건 말을 하는 나도 힘들지만 듣는 사람은 어쩌면 더
욱 부담스러운 일일 수도 있기 때문입니다. 그런데 지금 이
글을 쓰는 이유는 이 세상에는 제가 겪은 것과 같은 일들이
너무나 많이 벌어지고 있고 그 일로 생이 힘들어지거나 아
예 스스로 삶을 포기하는 사람들이 늘어만 가기 때문입니
다. 저는 성폭력 사건이 벌어질 때마다 내가 뭔가를 할 수 있
었으면 좋겠다는 생각을 했습니다. 그들의 손을 잡아주고 옆
에 있어 주면서 힘을 북돋워 주는 일을 할 수 있기를 바랐던

거죠. 성폭력 상담소에 자원봉사를 할까도 생각해 봤습니다. 그런데 매번 망설이다 끝났음을 고백합니다. 신문을 읽거나 뉴스를 듣는 것만으로도 숨을 쉬기 힘들 정도로 화가 나고 힘이 드는데 과연 그렇게 감정적으로 흥분된 상태로 일을 제대로 할 수 있을지 확신이 서지 않았기 때문입니다.

예, 맞습니다. 저도 비슷한 경험을 한 사람입니다. 20대 중반이었습니다. 세 명의 남자가 있었고 칼이 있었죠. 사람들은 그것을 '집단강간'이라거나 '윤간'이라고 합니다. 저는 지금도 그 단어를 말하거나 쓰는 일이 쉽지 않습니다. 그때 이후, 한 사람이 얼마나 정의롭고 성실하게 살려고 노력했는지와 상관없이 외부에서 가해진 폭력 때문에 인생이 망가질 수 있다는 생각은 극도의 무력감으로 이어졌습니다. 정상이었던 혈압은 순식간에 60-90으로 떨어졌고 수면제를 먹어도 잠을 잘 수가 없었습니다. 아주 작은 소리에도 소스라치게 놀랐고 그런 불안 증세 때문에 특정한 공간을 다니지 못했습니다. 특히 사건이 일어났던 장소는 근처를 지나가는 일도 힘들어했죠. 맥을 짚어준 한의사는 장기가 모두 망가질 정도의 상태라며 그건 딱 한 가지 이유, '분노' 때문이라는 진단을 내렸습니다.

아마도 살기 위해서였을 겁니다. 내 의지와 상관없이 머리와 몸이 분리되었습니다. 내 머리는 냉정하고 차분하게 상황을 정리했습니다. "이건 내 잘못이 아니다. 음주운전으로 일어난 교통사고를 내 잘못이라고 할 수 없는 것과 같다. 이건 '나'였기 때문에 일어난 사건도 아니지만 내가 아니어야만 할 이유도 없는 그런 사건이다. 그러므로 '왜 하필 나인가'라고 억울해할 이유가 없다. 누구나 '우연히' 날아온 돌에 맞을 수 있는 것처럼, 그렇게 '우연히' 내가 되었을 뿐이다" 내 머리는 사회적으로 벌어진 범죄 때문에 내가 망가질 이유가 없다고 정리했습니다. 반박할 수 없는 산뜻한 정리지요. 그리고 저는 그것에 동의했습니다. 하지만 몸은 다르게 반응했습니다. 내 몸은 머리가 정리한 것처럼 그렇게 명쾌하게 털어낼 수가 없었습니다. 몸은 분노했습니다. 아팠습니다. 머리는 괜찮다고 저를 설득했지만 몸은 스스로를 수치스러워했습니다. 그리고 머리가 정리한 것처럼 따라와 주지 않고 수치스러워하는 자신을 더욱 견디기 힘들어했습니다.

분노했으나 표출할 수 없었던 내 안의 화는 타인을 해치는 대신 자기 자신의 장기를 망가뜨렸던 것 같습니다. 이성은 흥분하지도 않았고 차분했지만 내 몸은 떨었고 잠을 거부했고 남성을 증오했습니다. 얼굴도 모르는 그 남자들에 대한 증오는 나를 사랑했던 남자에게도 전이되었습니다. 이성적으로는 이해할 수 없는 반응이었고 내가 원하던 바도 아니었습니다. 하지만 몸은 자기 멋대로 움직이기 시작했습니다. 숨을 쉴 수가 없어서 종종 걸음을 멈추고, 오직 숨을 제대로 쉬기 위해 집중해야만 했습니다. 나는 그와의 결혼 약속을 깨고 독일로 떠났습니다. 한 가지 이유, 살아야겠다는 그 한 가지 이유 때문이었습니다. 한국에서는 진짜로 죽어버리거나, 살아 있어도 죽은 거나 마찬가지로 살아갈 거라는 생각이 들었습니다.

아픈 건 아픈 건데, 화가 나는 건 당연한데, 그걸 제대로 인정하고 쓰다듬고 애도하고 자기 자신에게 공감하고 위로하는 걸 하지 못했습니다. 몸이 발작을 일으키곤 했는데 나는 그것을 억누르려고만 했습니다. 이성이 정리한 상황을 몸이 곧바로 받아들이지 못하고 뒤틀리는 것을 못마땅하게 생각했습니다. 나는 스스로에게 잔인했습니다. 그래서 겉으로 보기에는 멀쩡했지만 심리적으로 극복하는 데는 오래 걸렸을 겁니다.

출구를 찾지 못한 분노는 좀 엉뚱하게, 평소에 믿지도 않는 '신'에게로 향하기도 했습니다. 기독교에서 얘기하는 것 같은 구체적인 '신'은 아닐지라도 내 인생을 이렇게 몰고 가는 어떤 거대한 우주의 에너지, 혹은 운명 같은 것에 대한 분노였습니다. 나 같은 종류의 사람은 어떤 힘든 상황을 이겨내기 위해서 저항의 힘이 동원된다는 걸 그때 알게 되었습니다. "당신이 우연히 던진 돌팔매에 내가 맞았다. 당신이 원하는 게 무엇인가? 내가 여기서 굴복하는 것? '잘못했습니다. 용서해 주세요. 당신의 뜻대로 살게요.', 이런 말이라도 기대했는가? 천만에. 나는 오직 내 힘으로 일어선다. 당신에게 도움을 요청하는 일 따위는 절대로 없을 것이다. 나는 내 삶을 포기하지 않을 것이다. 끝까지 당신 도움 없이 행복해질 거다." 이런 오기…… 그 오기로 상당한 기간 동안 버텨낼 수 있었습니다. 길을 가다가도 멈춰 서서 하늘을 올려다보곤 했지요. "당신은 거기 그 자리에 있어라. 내 인생에 더 이상

간섭하지 마라. 언젠가 당신은 내게 감사를 표하게 될 것이다. 이 빌어먹을 썩어빠진 세상에서도 나는 망가지지 않고 스스로를 지켜낼 것이며 심지어 행복해질 수 있다는 것을 보여줄 것이다. 그러므로 당신은 언젠가 내게 감사를 해야 할 것이다."

물론 한참 시간이 지난 후에는 그마저도 놓았습니다. 신은 가장 힘들었던 시간 동안 내가 버티기 위해, 미워하면서 저항해야 할 대상이 필요해서 만들어낸 대상이었습니다.

힘든 상황에서 벗어날 수 있었던 것은 친구들 덕분이었습니다. 다행스럽게도 나는 내가 겪은 일을 비밀스러운 일로 남겨두지 않았습니다. 교통사고 겪은 걸 부러 떠들고 다닐 일은 아니지만 일생일대의 비밀로 간직할 이유는 없습니다. 때문에 가까운 친구들은 내게 무슨 일이 있었는지 알고 있었고 나를 혼자 놔두지 않았습니다. 나보다 더 가슴 아파하고 화를 내고 위로하고 격려했습니다. 그들이 아니었다면 얼마나 더 힘들었을지 알 수 없습니다. 너무나 가까운 사이여서 더 이상 상처를 건드리거나 보여줄 수 없는 가족은 서로가 서로를 너무 배려해서 오히려 상처가 될 수 있지만 친구는 가족보다는 멀고 남보다는 가까운 사이입니다. 나는 그 사이에서 점차로 회복되어 갔습니다. 스스로를 책망하지 않기. 네가 어떤 시간에 무슨 옷을 입고 누구와 함께 있었든 폭행의 책임은 너한테 있는 게 아니라는 것, 너는 혼자가 아니고 언제나 친구들이 있다는 것을 그들은 알게 해 주었습니다.

언제부터 악몽을 꾸지 않게 되었는지, 언제부터 발작이 멈추었는지 정확히는 알 수 없습니다. 언젠가 자신을 정리하는 차원에서 글을 쓰려고 시도했던 적이 있었습니다. 어디 발표할 것도 아니고 그저 개인적인 차원의 기록이었음에도 불구하고 손이 떨려서 쓸 수가 없었습니다. 그래서 몇 줄 쓰지도 못하고 그만두었습니다. 이상적인 자아와 현실의 자아 사이에 괴리가 있었던 거지요. 물리적 시간이 더 필요하다는 생각을 했고 자신에게 시간을 더 주기로 생각했습니다. 그때에 비하면 지금 이 글을 쓰고 있는 이 순간은 담담합니다. 하지만 여전히 남의 이야기를 듣는 건 편하지 않습니다. 눈물도 많이 흘리고 격렬한 분노에 휩싸이기도 합니다. 아마 나는 지금도 어느 정도는 몸과 마음이 분열된 채로 있을 것입니다. 한때는 그것을 완벽히 치유하고 내가 원하는 자아상에

도달하기를 원한 적도 있었습니다. 하지만 지금은 그것을 그냥 놔둡니다. 완벽을 가장하지 않고 모순과 분열을 물끄러미 바라봅니다. 세상에 상처 없이 사는 사람이 어디 있겠는가 생각합니다. 당신도 그렇게 될 것입니다.

니체가 했던 말이 도움이 되었습니다. "나를 죽이지 못한 것은 나를 더 강하게 만든다." 한 사람이 겪었던 고통의 크기가 그 사람의 고귀함과 비범함을 결정한다고 했지요. "그 고통 때문에 죽지 않았을 뿐만 아니라 이겨냈고 더 이상 그것 때문에 고통스럽지 않게 되었다면 당신은 그만큼 더 강해졌고 고귀해진 것이다." 그렇습니다. 나는 더 강해졌고 고귀해졌습니다.

끝까지 자신을 사랑하는 마음을 놓치지 마십시오. 당신의 잘못도 아니고 당신이 스스로를 벌해야 할 아무런 이유도 없습니다. 부끄러워할 것도 없고 행복하지 않을 이유도 없습니다. 누군가를 사랑하는 일도 멈추지 마십시오. 당신은 사랑하고 사랑받을 자격을 잃어버린 게 아닙니다. 누군가 가장 가까운 곳에 당신의 친구가 있음을 기억하십시오. 당신이 손을 내밀면 분명히 잡아줄 겁니다.

엄마의 감사

TV에는 유독 나이 들어서 학교에 다니는 할머니들이 많이 나온다. 60대에서 80에 이르는 연세의 노인들인데 간혹 그보다 훨씬 젊은 여성도 등장한다. 허리는 굽었고 손가락은 휘어져 연필 잡기도 수월찮아 보이는데 그런 분들이 공책에 한 자 한 자 글을 쓰신다. 받침이 제일 어렵다며 수줍게 웃으시는 할머니들은 '못 배운 게 한'이 되어 이렇게 마을에서 한글 학교를 열어준 것에 고마워한다. 6남매의 막내였다는 한 할머니는 오빠들이 다 서울에서 대학까지 다니도록 막내인 자신에게만 일을 시켰다고 전한다. 그 이유가 '여자가 배우면 시집가서 잘 못 산다'는 거였단다.

한글을 못 읽으면 세상 사는 게 얼마나 답답할지 상상을 할 수가 없다. 간판을 못 읽으니 장소를 통째로 외우지 않으면 어딘가를 찾아갈 수도 없고 편지가 와도 누구한테 온 건지 무슨 소식인지 알 수가 없으며 버스 노선도 누군가에게 물어 봐야만 했을 것이다. 슈퍼마켓에서 물건을 살 때도 그간의 경험으로만 골라야 하고 책은 언감생심 꿈도 꾸지 못했을 것이다. 그런 '까막눈'으로 한평생을 살다가 뒤늦게 한글을 깨쳐 '천지가 환하게 밝아지는' 경험을 했다고 하시는 어른들을 볼 때면 나는 눈물이 난다. "부끄러워서 글 못 읽는다는 말도 못 하고, 이러니 사람대접도 못 받고 사는구나." 싶었다는 그 말씀이 귓가에서 떠나질 않는 것이다. 내게 그 할머니들은 남의 얘기가 아니다.

나의 어머니도 학교를 제대로 다니지 못하셨다. 엄마는 부모를 일찍 여의었다. 세 살에 어머니가, 열두 살에 아버지가 돌아갔으니 그 옛날에 삶이 평탄하지 않았을 것은 뻔한 일이다. 엄마는 서울에서 사업하시던 숙부님 댁에 얹혀살게 되었다. 그런 상황에서 감히 학교 보내달라는 요구를 할 수 없었다고 했다. 하지만 같이 얹혀살던 하나밖에 없는 혈육인 외삼촌이 대학까지 다닌 걸 생각하면 이건 명백히 젠더 문제다. 똑같은 더부살이였어도 여자아이에겐 교육을 시키지 않은 것이다. 그래서 나의 어머니는 초등학교 5학년이 최종 학력이다. 한글은 떼었고 셈은 할 수 있었지만 그 이상은 배운 바 없다. 동년배가 교복 입고 집 앞을 지날 때면 너무나 부러워서 혼자 울기도 많이 하셨단다.

엄마의 작은아버지, 작은어머니는 일곱이나 되는 당신 자식들은 딸 아들을 막론하고 모두 대학도 보내고 유학도 보냈다. 그들은 피아니스트가 되었고 박사가 되어 귀국했으며 딸 둘은 의사다. 하지만 열두 살에 고아가 되어 떠맡은 조카에게는 더 이상 공부를 시키지 않고 부엌에서 일만 시켰다. 요즘 같으면 열두 살짜리가 차린 밥상을 받는 장면을 상상이나 할 수 있을까? 배우고 싶었던 엄마는 사촌 여동생이 쓰다 버린 공책을 주워다 밤늦게 피곤한 눈을 비벼가며 글씨를 썼고 그들이 버린 책을 주워다 읽었다고 했다. 밤늦게까지 방에 불이 켜져 있으면 작은어머니가 들어와서 전기 많이 쓴다고 불을 꺼버리고 나갔단다. 막장 드라마가 괜히 있는 게 아니다. 현실은 종종 막장 드라마보다 더 막장이다. 엄마는 그렇게 숨어서 몰래 독학으로 영어의 알파벳도 깨치고 한 자도 읽게 되었다. 나는 엄마가 일본어도 읽고 쓸 줄 알고 애플이나 마켓 같은 영어 단어를 읽는 걸 보고 자랐기 때문에 엄마의 학력이 초등학교 중퇴인 걸 몰랐다. 그건 고된 노동 속에서도 배우고자 하는 열정을 놓치지 않았던 피나는 노력 덕분에 가능했던 매우 드문 예라는 걸 나중에 다 커서야 알게 되었다.

1966년생인 나는 '여자도 배워야 한다'는 엄마 세대의 자각으로 마음 놓고 학교에 다닌 첫 세대가 아닐까 싶다. '못 배운 게 한'이 되었던 엄마는 딸에게도 아들과 똑같이 교육을 시키고자 하셨다. 아버지는 둘째 딸로 태어난 내게 언제나 '아들'처럼 키웠다고 말씀하곤 했지만 막상 내가 유학을 가고 싶다고 했을 때는 반대하셨다. 가르칠 능력이 없다는 게 첫 번째 이유였지만 그게 다는 아니었다. 내게 유학을 가도록 격려하고 용기를 북돋아 준 건 아버지가 아닌 어머니였다. 낯선 나라에서 처음 정착할 수 있도록 아버지 몰래 경제적인 지원도 해주셨다. 나는 그것이 미제 물건을 떼어다 팔고 밤을 새워가며 스웨터에 비즈를 달거나 김치 공장에서 모자 뒤집어쓰고 쪼그리고 앉아 반찬을 만드는 온갖 노동으로 어렵게 모은 엄마의 쌈짓돈이라는 걸 알고 있었다.

형편이 안 된다는 걸 알면서도 유학을 결정했을 때 반대를 했던 수많은 사람 중에는 자신도 유학을 했던 친척이 있었다. "접시와 여자는 밖으로 돌리면 깨진다"는 게 이유였다. 표현도 참 적나라하다. '깨진다'는 게 못 쓰게 된다는 의미일 테고 여자가 못 쓰게 된다는 게 성적인 의미라는 건 굳이 국어를 공부해야만 알 수 있는 건 아니다. 여자가 배우면 시집도 못 가고, 여자가 책을 읽으면 위험해지고, 여자가 똑똑하면 소박을 맞고, 여자가 외국에 나가면 못 쓰게 된다! 이게 우리 세대까지도 통용되던 언어였다.

TV 프로그램에서 뒤늦게 한글을 배운 할머니가 시를 쓴다. 그 시가 놀랍도록 소박하고 아름다워 깜짝 놀란다. 어떤 할머니는 치매가 오자 딸의 권유로 그림을 그리기 시작했다. 그 그림은 20세기 초반 야수파나 표현주의 그림, 혹은 클레의 그림을 닮아 있었다. 이 할머니들이 자신을 표현할 언어를 갖게 된 것이었다. 시를 쓰신 할머니의 아들은 시인이었고 그림을 그린 할머니의 딸은 화가였다. 자식의 재능이 그 어머니에게서 온 거였다. 허리가 굽고 손가락 마디가 다 휘어지도록 일만 하신 그분들은 70, 80세가 되어서야 자기 이야기를 할 수 있었다. 처음으로 살아온 이야기, 자식 이야기를 쓰고 하늘과 바람과 꽃을 노래한다. 정말 아름다웠다.

최종 학력이 초등학교 중퇴인 울 엄마는 당신의 학력이 언제나 마음에 걸렸던 모양이다. "네 아버지가 다른 건 몰라도 한 가지 고마운 건 있었다. 그 성질 불같은 양반이 아무리 화가 나고 열불이 터져도 절대로 나한테 '무식한 여편네' 소리는 안 하셨다. 내가 모진 소리 다 듣고 살았어도 그 소리만은 절대로 듣고 싶지 않았는데…… 그건 지금까지도 네 아버지에게 고마워하는 부분이다." 가슴이 아리다. 평생을 당신에게 무심했던 남편에게 하는 감사가 고작 '무식한 여편네' 소리를 하지 않은 것이라니 말이다.

엄마는 결코 무식하지 않았다. 이웃과 타인에 대한 예의를 알았고 집에 들른 택배 기사부터 전기 검침원, 수리 기사까지 빈손으로 가게 하지 않고 꼭 음료수라도 대접하는 분이었다.

마침 식사 시간이라면 없는 반찬이라도 꼭 밥상을 차려 내었다. "내 집에 일하러 온 사람 빈속으로 내보내는 거 아니다"라는 말씀을 어릴 적부터 듣고 자랐다. 없는 형편에도 부침개라도 만들면 언제나 이웃과 나누셨다. 말 한마디도 함부로 하는 일이 없었고 몸가짐이 흐트러진 적도 없었다. 돈이 없어 사서 입히지는 못했지만 천을 사서 만들거나 밤새 뜨개질을 해서 자식들 옷을 만들어 입히셨다. 돈이 없어 자식들에게 용돈은 준 적 없지만 밀가루로 과자도 만들고 만두를 만들어 간식을 주셨다. 엄마는 자식들에게 늘 방금 한 뜨거운 밥을 주셨다. 그러므로 아빠는 엄마에게 '무식하다'는 말을 할 수는 없었을 것이다. 아니, 그러면 절대로 안 되는 거였다.

분노하는 남자, 웃는 여자

좀 오래된 얘기긴 하지만 2009년도에 한 TV 프로그램에서 키 180cm 이하의 남자들에 대하여 '루저'라고 했던 여성이 있었다. 여성들이 키가 큰 남성을 선호하는 것이야 일반적이지만 이렇게 대놓고 남자의 키를 기준으로 모욕한 선례가 없었다. 아마도 실시간 방송을 봤던 사람들은 겉으로는 웃었을지라도 속으로는 당황했을 것이다. 저런 말을 해도 되나? 하는 사회적 금기가 작동하기 때문이다. 아니나 다를까. 방송이 나간 후 인터넷상에서 난리가 났다. 남자들이 분노한 것이다. 가뜩이나 키 때문에 알게 모르게 위축되거나 열등감에 '쩔어' 있던 남자들이 대동단결했다. 그 발언을 한 여성은 모 대학 학생이었는데 분노한 남성들은 그 대학교수의 전자 우편 주소까지 찾아내 '폭탄 메일'을 보냈다고 한다. (발언은 그 학생이 했는데 왜 항의 메일을 대학교수에게 보냈을까?) 남자들이 연애 상대의 조건으로 외모를 꼽는 것처럼 여성들은 최소한 자신보다는 키가 커야 한다고 생각하는 세상에서 키가 작은 남성들이 콤플렉스를 갖는 건 자연스럽다. 그런데 저런 소리를 했으니 그들의 아킬레스건을 건드린 게 되었다. 그 사건을 일각에선 '루저의 난'이라고 부르면서 사람이 자신의 능력으로 어찌할 수 없는 타고난 조건을 가지고 문제 삼는 것에 대해 대대적으로 분노를 터뜨렸다. "차라리 폭력적인 남성이 키 작은 남성보다 낫다"라는 누가 했는지도 모르는 발언까지 나돌면서 남성들의 부아를 돋우었다.

그런데 바로 그 순간 나는 자신에 대한 공격이나 비아냥에 대하여 보이는 반응에서 젠더적 차이에 주목했다. 따지고 보면 외적인 조건을 가지고 수시로 비난 당하는 사람은 남자가 아니라 여자다. 얼굴 큰 여자, 못생긴 여자, 뚱뚱한 여자들은 하루에도 수십 번씩 자신의 외모를 빗댄 농담에 시달려야 한다. 그뿐인가? 동화 속에서도, 각국의 신화에서도,

전설에서도, 영화에서도, 소설에서도 여성의 외모는 언제나 중요했다. 슈퍼맨도, 스파이더맨도, 배트맨도, 그들이 구출하는 건 언제나 눈부시게 아름다운 미녀들이었다. 못생긴 여자는 성격도 이상하고 심술궂고 염치도 없고 수치심도 없으며 머리도 나쁘고 욕심 사납게 그려진다. TV를 몇 시간만 봐도 이것에 집중해서 본다면 수도 없이 지적해 낼 수가 있다. 개그 프로그램은 그중에서도 유별나다. 마치 상대의 외모를 비웃지 않으면 웃을 일이 없다는 듯 집요하게 여성의 외모를 걸고넘어진다. 영화 '반지의 제왕'에 등장하는 괴물인 오크를 가져와서 피부가 매끄럽지 못한 여자에게 빗대어 부른다. 이건 단지 웃자고 하는 얘기로 그치는 게 아니다. 여성의 외모는 생존과 직결되어 있다. 그놈의 '용모단정'은 여성의 취업에서는 어마어마한 영향력을 지닌다. 남성의 키는 업무 능력과 상관없으므로 실질적인 취업 시장에서 결정적인 조건이 되지 않지만 여성의 외모는 취업을 하려 해도, 결혼을 하려 해도 가장 중요한 조건이 되는 것이다.

180cm 이하가 루저라고 했다가 난리가 난 후 "나는 키 작은 남자가 좋다"라고 했다는 어떤 여성은 졸지에 '개념녀'가 되어

칭송받았다. 남성들은 '키 작은 남자가 사회적으로 성공할 확률이 더 높다'고, '결혼 생활을 훨씬 오래 유지하는 경향이 있다'고, '영웅들 가운데 키 작은 사람이 많다'고, 심지어 '성적 능력이 뛰어나다'고 키 작은 남자를 변호했다. 그들은 집단으로 분노해서 '루저' 발언을 한 사람을 묵사발을 만들고 신체적인 것을 가지고 비난하는 것이 얼마나 형편없고 교양 없는 짓인지 타일렀으며 키 작은 남성의 우월함을 나타내는 갖가지 증거들(?)을 제시했다. 하지만 여성들이 일상적으로 겪는 외모 비하에 대해서는 그저 '농담'이라고 얘기한다는 사실에는 조금도 시선을 돌리지 않았다. 여성들이 외모 차별 발언에 화라도 낼라치면 "웃자고 한 얘기에 죽자고 달려든다"며 되려 우스운 사람을 만들거나 "못생긴 게 성질도 더럽다"는 비아냥을 퍼부었다. 그래서 여성들은 그저 '웃는다'. 못생겼다고 놀려도 웃고 뚱뚱하다고 놀려도 웃고 몸매에 점수를 매겨도 웃는다. 하도 그런 문화에 익숙해져서 그게 모욕인 줄도 모를 지경이 되어버렸다. 자기들이 무슨 짓을 하고 있는지 전혀 눈치채지 못하는 건 남자들도 마찬가지였다.

이게 참 무서운 일이라는 것을 깨닫게 해 준 일화가 있다. 블로그 친구가 두 아들과 함께 미국으로 유학을 갔는데 아들들이 자라면서 한국말을 잊을까 봐 한국의 개그 프로그램을 틀어주곤 했단다. 그런데 처음에는 웃지 않았다고 했다. 여자 외모를 가지고 놀리는 장면을 보더니 "엄마, 저 아저씨들이 왜 저런 말을 해?"라고 물었단다. 그런데 계속해서 그 프로를 보더니 어느 순간엔가 웃기 시작하고 일상생활에서도 친구나 주변 사람들의 외모를 가지고 농담을 하더라는 거였다. 블로그 친구는 그제야 심각성을 깨달았고 개그 프로그램을 끄고 아이들과 그것에 관해서 이야기했다는 일화를 전해주었다.

자신의 힘으로 어쩔 수 없는 타고난 조건을 비난하거나 우스갯말로 삼는 건 비열한 짓이다. 그건 남성에게도 여성에게도 마찬가지로 적용된다. 그래서 남성들이 '루저' 발언에 분노하는 것이 당연하듯 여성들의 분노도 당연하다. 분노하는 남성들에게 "키가 작은 게 성질도 옹졸해가지고……"라는 말을 하지 않는 것처럼 여성들도 자신의 외모를 비난받을 때 정색하고 기분 나쁨을 표현할 수 있어야 한다. 그런데 가끔 맥락을 이해할 수 없는 곳에서 분노하는 남성을 보기도 한다.

근래에 겪은 일이다. 나는 블로그를 한 지 12년 정도 되었다. 자잘한 일상적인 일부터 시사적인 이슈에 이르기까지 온갖 잡다한 것들에 대하여 개인적인 의견을 써왔지만 지금까지 커다란 문제는 없었다. 내 글이 싫으면 더 이상 오지 않았고 좋으면 댓글로 수줍게 말을 거는 정도였다. 사람들은 대체로 정중했고 함부로 무례하게 굴지 않았다. 그들 중에서 어떤 사람들과는 오프라인에서도 친구가 되었다. 나는 온라인에서 좋은 인연들을 많이 만났다. 행운이었다.

강남역 살인 사건 이후 여성혐오 논쟁이 붙으면서 그에 관해 글을 하나 썼다. 내 글은 딱히 논쟁적인 글은 아니었다. 내용은 이렇다. 〈예술과 성〉이라는 제목의 수업에서 한 학생이 토론 주제로 강남역 살인 사건을 거론했고 우리는 토론을 하기로 했다. 마지막에 학생 하나가 "내 여자 친구가 그런 일을 당한다고 생각하니 정말로 끔찍했다. 그래서 그녀는 내가 지켜야겠다고 생각했다. 그 사건 이후로 화장실까지 따라다녔다"라는 말을 했다. 그 학생은 물론 매우 선한 의도에서 그런 말을 했고 그 학생이 문제가 있다고는 생각하지 않는다. 남학생들 중에는 놀리는 투의 야유를 퍼붓기도 했지만 어떤 여학생들은 손뼉을 치기도 했다. '멋있는 남자'라는 반응이었다.

하지만 나는 그 학생에게 질문을 하기 시작했다.
그대는 여자를 정말로 지킬 수 있을까? 칼 든 범인 앞에서 자기 여자를 지킬 수 있는 남자는 몇이나 될까? 여자는 남편이나 남친이 옆에 있으면 (혹은 남친이 옆에 있어야) 안심할 수 있나? (제발, 드라마 속 송준기 같은 남자는 판타지라니까!!!) 설사, 그대가 힘이 굉장히 세고 용감하기도 하며 호신술이나 기타 무술에 능하여 그럴 수 있다고 치자. 그런 힘있는 남자들이 여성들의 보호자로 나서면 이 문제는 해결되는 것일까? 언제까지 그녀를 따라다닐 수 있을까? 그대가 옆에 있어주지 못하는 상황은 어떻게 통제할 것인가? 남편이나 남자 친구가 없는 여자들은 어떻게 해야 하나? 아예 차도르나 히잡을 씌우고 남자의 에스코트 없으면 외출을 못 하게 법으로 만들면 될까? 그게 여자 보호라는 명목으로 행해지는 나라가 아직도 이 지구상에 있다. 여성들이 진정 원하는 것이

과연 그런 '보호'일까? 내 질문은 거기까지였다.

여성은 힘이 약하니까 내가 보호해 줘야 한다고 생각하는
바로 그것! 보호라는 단어는 여성을 미성숙한 존재로 본다
는 걸 전제로 한다. 그러므로 그것이 실은 뒤집어진 여성혐
오의 한 모습일 수 있다고 생각한다는 말은 그냥 속으로 삼
켰다. 내 질문에 그 학생은 당황한 표정을 지었다. 나는 그런
내용을 포스트에 썼고 그것에 대해 한 남자가 내게 쪽지를
보냈다. 그 남자는 무엇 때문인지 무척 흥분해 있었다. "교
수라는 작자가 논리가 전혀 없다", "그 교수 밑에서 배운 학
생들이 불쌍하다"라는 것이었다. 문법도 맞지 않았고 맞춤
법도 틀린 그 쪽지는 하도 횡설수설해서 "무엇 때문에 화가
났는지 알 수 있게 써달라"고 다시 요청했다. 그랬더니 차마
입에 담을 수 없는, 성기를 빗댄 욕설로 도배한 답장을 보내
왔다. 무슨 논리가 필요하냐며 욕을 했는데 그의 말은 아니
지만 짐작하건대 선의로 자기 여자 친구를 보호해주겠다고 했
는데 그걸 무안하게 만들었을 뿐만 아니라 문제 있는 것으
로 지적한 것이 불쾌했던 모양이다. 여기서도 내가 주목하는
건 자기 마음에 들지 않는 상황이 생기면 남성들은 분노를

쉽게 표현한다는 거다. 이것도 역시 감정 표현에 서툴러서 나오는 반응일까?

메갈리아와 미러링

기분이 나빠도 내색도 못하고 바보처럼, 성격이 좋거나 유머
감각 있는 사람인 것처럼, 대범하게 아무렇지도 않은 것처럼
웃기만 하던 여자들이 드디어 기분이 나쁘다고 말하기 시작
했다. 나쁜 언니, 센 언니들의 등장, 막말하는 여자들이 탄
생한 것이다. 메갈리아가 그들이다. 2015, 2016년을 가장 떠
들썩하게 만들었던 사건의 중심에 메갈리아가 있다. 메갈리
안들이 사용하는 언어는 충격적이다. 남성 성기의 크기를
조롱하고 남자는 삼 일에 한 번씩 패야 한다고 말하며 한
국 남성을 '한남충'이라 비하한다. 남성의 외모를 평가하고
한국 남성의 초라함과 무능력을 대놓고 조롱한다. 솔직히

나는 페이스북에 누군가 링크시켜놓은 페이지를 보고 눈을 의심했다. 놀랐고 당황했다. 그들 출현의 의미를 감지하지 못하고 감히 페이지를 계속 열어본다는 게 두렵기까지 했음을 고백한다. 이건 대체 뭐란 말인가?

그런데 시사IN에서 이들 메갈리아의 언어 사용을 분석해서 기사를 내보냈다. 그간 온갖 성적 모욕과 폭력, 결혼제도 속의 억압과 사회적 불평등에 시달려온 여성들이 '일베'와 같은 남성 집단에서 통용되는 여성 비하와 혐오의 언어를 그대로 반사해 돌려주는 방법을 사용하고 있다고 한 것이다. 이른바 '미러링'이다. 여성에 대한 혐오의 언어가 '일베' 같은 온라인 집단에서 극단적으로 많이 나타나는 건 맞지만 불행하게도 그건 온라인을 넘어서 일상에서도 흔히 볼 수 있는 언어들이다. 노래에서, 광고에서, 개그에서, 스포츠 중계에서, 단톡방에서, 술자리에서, 드라마 대사에서, 우리의 일상 곳곳에서 여성을 성적 대상으로 삼는 폭력적 언사들이 넘쳐난다. 그러므로 메갈리안들의 언어는 남성 언어 전반을 향한 공격이라고 이해할 수도 있다.

이 말을 처음 듣는 여성들도 나처럼 놀랐다. 그런 말을 입에 담는 것이 익숙하지 않은 탓이다. 남성들은 어땠을까? 벌집이라도 쑤신 듯 온라인 공간이 난리가 났다. 메갈리아를 향한 남성들의 분노가 폭발한 것이다. 그들은 기사를 낸 시사IN에 절독을 선언하고 '메갈리아' 후원 티셔츠를 입은 게임회사의 성우를 회사에서 쫓아냈으며 메갈리아를 옹호한 웹툰 작가를 비난하고 공개 사과를 요구했다. 그리고 이런 노동 부당행위에 대해 비판적인 논평을 낸 정의당에 반발하여 그 논평을 철회하도록 만들었다. 분노한 남성들은 당을 탈당하고 구독을 철회하고 메갈리안들을 '페미나치'로 낙인찍고 공격했다. 그들의 분노는 인터넷 공간을 넘어 현실적인 응징으로 이어진 것이다. 빠르고 집요하고 확실했다.

이렇게 분노한 남성들은 좌우익을 초월한다는 특징을 갖는다. 소위 진보라고 자처했던 남성들이 일베와 동일하게 움직이는 모습을 보는 건 참으로 기가 막혔다. 그들은 막말하는 여성들에 대응하기 위해 이데올로기를 초월한 연대를 순식간에 결성했다. 거기에 메갈리아의 언어가 원래 자신들의 것이었다는 반성적 인식은 없었다. "나는 여자들을 혐오한

적이 없는데…… 왜 착하고 신사적이었고 폭력적이었던 적도
없는 나같이 평범한 남성들까지 싸잡아 그런 욕을 들어야
하는가?"라는 게 그들 분노의 내용이었다. 그보다 더 점잖
은 사람들은 "어쨌든 욕은 나빠!"라고 말했다.

그 과정을 지켜보면서 떠오른 일화가 있다. 친구 부부가 결
혼 초기에 툭하면 심하게 싸웠다. 남편 되는 분은 조용한 성
격에 신사적이라서 욕이라고는 할 줄 모르는 사람이었고 외
려 막말을 하는 사람은 부인 쪽이었다. 그녀는 화가 나면 온
갖 욕을 다 퍼붓곤 했다. 부부간의 일은 그들만이 아는 문제
이므로 그렇게 싸움을 할 만한 원인을 누가 제공했는지, 그
런 말을 할 정도의 사건들이 이어졌는지는 알 수도 없고 여
기서 중요하지도 않다. 그날도 그렇게 싸움이 벌어졌고 부인
이 욕을 한참 하던 중이었는데, 감정은 상했으나 그때까지
제대로 풀어본 적이 한 번도 없던 남편이 부인을 향해서 외
마디 비명 같은 욕을 내뱉었다. "야, 이 xxx야!" 그 순간 부
인은 멈칫하고 말았다. "나도 살아야겠다고 생각했어요. 저
런 욕설을 몇 년을 듣고만 살았잖아요. 내 속도 좀 알아 달
라고, 너만 욕할 줄 아는 게 아니라고 말하고 싶어서……"

라는 게 나중에 그 남편의 변명이었다. 재미있는 건 부인의 반응이었다. 부인은 남편의 입에서 욕이 나오는 순간 웃어버린 것이다. "그건 내가 그 사람에게 자주 쓰던 욕이라는 걸 알아챈 거야. 내가 쓰는 말을 저 사람이 하는 걸 보니까 내가 그동안 얼마나 상스런 사람이었는지 확 오더라. 그 사람이 기가 막혀서 웃은 게 아니라 나 자신이 기가 막혀서 웃었지." 그 부인은 남편의 욕을 듣는 순간 자기 자신이 보였다고 했다.

바로 이런 깨달음. 메갈리아에서 터져 나온 남성 혐오 발언과 욕설들은 그동안 남성들이 딱히 나쁜 것이라는 인식도 없이 계속해오던 것들이다. 합리적 이성이 작동하는 사람이라면 저런 말이 나오는 순간 깨달아야만 하는 거다. 원본이 얼마나 수준이 낮은 것이었는지, 얼마나 폭력적이었는지, 말 그대로 '거울을 본 순간' 자신의 추한 얼굴을 인식해야만 하는 거다. 그런데 그들은 거울 속 얼굴이 자기 얼굴인지를 모르고 거울 속 얼굴의 추함에 격렬하게 반응하는 꼴이다. 너무나 똑똑해서 맨날 가르치려 드는 남성들이 말이다.

메갈리아가 십수 년간 운영되던 소라넷에 들어가 끔찍하게

진행되던 성범죄 현장을 모니터링하고 고발했으며 언론의
관심을 이끌어내어 결국 없어지도록 만든 결정적인 역할을
했다는 사실, 그리고 여성들 스스로도 인식하지 못했던 가
부장적 언어의 폭력성에 경각심을 갖도록 만든 공로가 있다
는 것을 다 인정한다고 해도 여전히 그들이 사용하는 언어
가 불쾌하다는 사람들이 있다. 왜 꼭 그런 방법을 써야 하냐
는 거다. 그들은 얼마든지 다른 방식으로 지적할 수 있다고
말한다. "어쨌든 욕은 나빠! 자신이 비판하는 대상과 똑같
이 되는 걸 꼭 감수해야겠냐?"라는 거다.

"아무리 점잖게 말해도 못 알아들으면 그들이 알아듣는, 그
들의 언어로 말하리라!" 20세기 초반, 여성의 참정권을 위
해 싸우고 싸웠지만 계속 미루기만 하고 행동으로 옮기지 않
는 국가에 대항하여 유리창 깨기와 방화 등의 적극적인 저항
으로 남성 사회의 견고한 벽에 균열을 내고 드디어 참정권을
획득하게 되는 데 결정적인 역할을 했던 서프러제트의 전략
도 그것이었다. 바로 그게 미러링이다.

물론 미러링이 전략적으로 얼마나 오래 지속될 수 있을 것인
가에 대한 논의는 필요하다. 원본의 추함을 보여주기 위해서

사용한 메두사의 거울이 대상을 가려서 비추는 게 아니라는 비판도 생각해볼 만하다. 어쩌면 거울을 들고 있는 자기 자신도 돌로 변할 위험에 노출되어버리기 때문이다. 남성 언어와 문화의 추함을 보여주기 위해 자기 자신이 더럽혀지는 것을 감수해야 하는데 과연 그것으로 무엇을 얻을 수 있는지, 변화는 자기와 생각을 같이하는 집단 이외의 다른 사람들을 자기편으로 끌어들였을 때 이루어지는데 과연 그 전략으로 다른 사람들을 설득할 수 있을지도 앞으로 고민해야 할 문제다.

만약 메갈리아의 미러링 전략이 원본의 추함을 깨닫게 했다면 가장 긍정적이었을 테지만 소수를 제외하고는 여전히 그들의 도발적 언사에 분노하고 있는 게 현실이다. 그런 의미에서 메갈리아의 언어에 화를 내는 남성들은 뒤집힌 나르키소스다. 나르키소스는 물에 비친 모습이 자기인 줄 모른 채 너무나 아름다워서 사랑에 빠졌지만 현실의 수많은 나르키소스들은 물에 비친 모습이 자기인 줄 모르고 너무나 추해서 분노한다. 신화 속 나르키소스는 상사병으로 죽지만 현실의 나르키소스는 분노로 자기 폭발 직전이다.

남자다운 남자에 대한 환상

오래전 내가 완전히 몰두했던 영화배우는 덴젤 워싱턴이었다. 물론 실제 인물로서의 덴젤 워싱턴이라기보다는 그가 구현해내는 이미지에 반한 것일 테지만 종종 이 둘을 혼동하기도 한다. 그래서 부끄럽게도 꿈을 꾸기도 했다. 그와 연애하는 꿈을. 기차역에서 만나 반가운 마음에 포옹을 나눈 후 그와 사랑을 나누기 위해 떠나려는 순간 나는 자신이 이미 결혼한 상태임을 깨달았다. 맞잡은 손을 놓지 못한 채 찢어지는 가슴을 부여잡고 이별을 고해야 했다. 왜 나는 꿈속에서조차 이렇게 도덕적인 것일까? 꿈에서 깨어난 후 가슴을 치면서 후회했지만 다시 꿈으로 돌아가는 건 불가능했다.

덴젤 워싱턴이 영화에서 보여주는 이미지는 책임감 강하고 지극히 합리적이고 이성적이다. 여성에게 대놓고 섹스어필하기보다 지적인 자극에 더 가까운데 여기에는 거부할 수 없는 매력이 있었다. 그가 나타나면 TV에서 활약 중인 여릿여릿한 꽃미남들은 한순간 유혹적으로 다가왔다 바람에 실려 사라지는 향수 같은 거라는 생각이 들 정도였다.

그런데 그렇게 묵직하고 강하게 다가오는 그의 남성미가 곰곰이 생각해보니 내가 비판적 시각을 갖고 분석하고 있는 '근대적 남성성'의 핵심이라는 생각이 들었다. 당시에 나는 〈그림에 갇힌 남자〉를 쓰고 있었다. 그 책에는 남성성이라는 것이 여성성과 마찬가지로 타고 나는 게 아니라 사회가 필요에 의해서 각 성에 부여한 일종의 이데올로기라는 주장이 핵심이었다. 이데올로기로서의 남성성은 개인의 자유와 행복을 억압하는 것으로 작용한다고 하는 것을 미술작품을 통해 밝히는 게 주제였다. 그러므로 책임감 강하고 울지도 않고 대의를 위해 목숨을 초개와 같이 버리는 근대적 의미의 남성성에 대하여 비판적인 시선을 갖고 있었다. 하지만 그럼에도 불구하고 바로 그런 남성성을 그대로 구현하는 덴젤 워싱턴이 좋아서 그가 나온 영화를 초기작부터 찾아서 보느라고 몇 날 며칠을 눈이 벌게져 있었던 것이다.

영화 속 덴젤 워싱턴은 자기가 한 말은 무슨 일이 있어도 지키는 책임감 강한 아버지이며 냉철한 추리력과 뛰어난 기억력만으로도 연쇄살인범을 찾아내는 감시관이다. 그는 자기 생의 의미를 되찾아 준 소녀의 목숨을 구하기 위해 목숨을 버리는 의리파이자 정의를 위해서라면 위험을 무릅쓰고 불법을 저지르는 권력에 맞서는 신문기자이기도 하다. 그래서 그는 설사 인질극을 벌이는 범죄자로 나올지라도 그 행위엔 충분히 이해 가능한 동기가 있으며 그 때문에 그는 범죄자가 아닌 영웅이 되고 만다. 그의 내면은 프로 펀드 매니저처럼 어떤 일에도 동요하지 않으며 날카롭고 이지적이다. 그러면서도 웬만한 물리적 폭력에는 눈 하나 꿈쩍하지 않을 정도로 육체적으로도 강인하다. 그가 "Don´t worry about that. I´ll do something for you. I promise you.(걱정하지 마. 내가 당신을 위해 뭔가를 할게. 약속해.)"라고 하면 정말로 그 말을 믿고 그의 어깨에 머리를 기대고 쉴 수 있을 것만 같은 환상을 준다.

그런데 쓰고 보니 그런 이미지는 덴젤 워싱턴만 갖고 있는 건 아니다. 내가 그 후로 열광한 배우는 본 시리즈의 맷 데이먼이었는데 그 또한 비슷한 이미지다. 말이 별로 없이 묵직하고 신체적으로나 정신적으로 강인하고 책임감은 타의 추종을 불허하고 정의를 위해 목숨을 걸며 날카로운 지성미를 갖춘 남자다. 그런 남자가 외국 영화에서만 등장하는 건 아니다. 우리나라 TV 속에서도 그런 남자들은 넘쳐난다. 그들은 천재라 할 만큼 두뇌 회전이 빠르고 판단력이 좋으며 싸움은 또 어찌나 잘하는지 가히 적수가 없다. 그는 능력자다. 무슨 일을 해도 능숙하게 잘해서 돈은 필요한 만큼 얼마든지 벌 수가 있다. 그는 한 여자만을 죽도록 사랑하는 순정남이기도 하다. 사랑하는 그녀를 위해 살인죄도 뒤집어쓰고 그녀를 위해서라면 목숨도 걸며 죽을 때까지도 그녀를 잊지 못하는 순정파이기도 하다.

그러나 현실에서 그런 남자는 눈 씻고 찾으려야 찾을 수가 없다는 거, 이만큼 살았으면 누구나 다 안다. 사실, 남자는 우리가 이상적으로 생각하는 것만큼 그렇게 훌륭하지 못하다. 하느님은 당신의 형상을 따라 '인간'의 대표인 아담을 만드신 후 당신의 창조 사업을 일단락 지었으나 그렇게 만들어진 아담은 자기 외로움 때문에 추가로 만든 이브에게 원죄의 핑계를 대었다. "하나님이 주셔서 나와 함께 하게 하신 여자 그가 그 나무 실과를 내게 주므로 내가 먹었나이다." 다시 말하면 "여자 꾐에 빠져 먹었는데 그 여자, 당신이 만들어서 내게 준 거잖아요." 하는 항변이다. 신화 속 신들의 왕 제우스는 허구한 날 바람피우다가 걸려 자기 애인을 암소로도 만들고 곰으로도 만들어 위기에 빠뜨린다. 이야기 속 남성의 선조들은 변명하고 핑계 대고 욕망의 노예가 되어 갈팡질팡한다.

현실에서도 별반 다르지 않다. 이상적인 남성은커녕 현실에선 그런 남성성의 허풍을 떨다가 결정적 순간에 여자에게 기대려고만 하는 어린애 같은 남자들뿐이다. 이별한 여자 친구에게 다시 만나주지 않으면 과거 낙태 사실을 폭로하겠다는 문자메시지를 보냈다가 경찰에 붙잡힌 유부남이 있는가 하면 책임감 있는 정부 고위직 후보에 올랐으면서도 인사청문회에서 과거 땅 투기 사건이 거론되면 자기는 모르는 일이라고, 다 자기 부인이 한 일이라고 발뺌한다. 강한 자 앞에서 꼬리 내리고 약자 앞에서 큰소리치며 '왕년에 내가' 하는 말로 있지도 않은 과거의 영웅담을 달고 살거나 술에 취해 폭력만 행사하는 무능력한 가장들을 보는 건 어려운 일이 아니다. 왜 그들은 강하고 멋있는 척하다가 툭하면 "남자와 아이는 자존심에 상처를 입으면 끝"이라거나 "자식에게 신경 좀 덜 쓰고 날 좀 봐줘. 남자는 죽을 때까지 아이라고!"라며 징징대는가?

그러니 영화나 드라마 속 그 남자들이 구현해내는 남성성은 그냥 이상일 뿐이라는 것. 그리고 남자들이 이상으로 그리고 있는 착하고 예쁜 현모양처 때문에 역사 이래 수없이 많은 여성이 울화병 들고 가슴에 한을 품으며 죽어 가야 했듯, 그런 남성적 이상에 도달하기 위해 그만큼 많은 수의 남자들이 자기 분열을 일으키며 폭력적이 되어야 했다는 것도 사실은 모두가 알고 있는 사실이다.

그걸 알면서도 이 영웅적인 남자에 열광하는 자기 분열적인 내 모습을 가만히 들여다본다. 결론? 그런 게 있을 리가 없다. 이상이라고 하는 건 현실적인 것 하고는 원래 관계가 없기 때문에 '이상'이라고 하는 것이고, 또 이상적이니까 멋있을 뿐이다. 그리고 그런 이상적인 남성성의 특징들이 다 거부해야 할 '악'은 아니다. 마치 상냥하고 친절하며 타인을 배려하고 감정이 풍부하며 섬세한 '소위 여성적인 특성'들이 나쁘기는커녕 매우 훌륭한 덕목인 것과 같다. 다만, 그것을 생물학적인 성과 곧바로 연결시켜 하나의 성에 의무적으로 부과하는 것이 부당하다는 말일 것이다. 그리고 솔직히 까놓고 말하자면, 막상 영화 속 덴젤 워싱턴 같은 남자가 내 앞에 나타난다면 나같이 자기주장 강하고 드센 여자는 숨 막혀서 며칠 견디지도 못할 거라는 건 분명하다.

여자는 세상의 마지막 남은 노예

명절만 되면 유행가 후렴구처럼 신문에 반복적으로 나오는 기사가 있다. 명절 증후군, 명절 스트레스, 명절 후 이혼율 증가와 같은 제목의 기사다. 옛 전통을 고수하는 70-80대들과 더 이상 전통을 지키지 않으려는 20-30대 사이에 50대가 끼어서 이러지도 저러지도 못하고 있다는 기사도 나온다. 명절 전날부터 가서 온갖 음식 만드느라 쉴 틈 없이 일하는 며느리들은 왜 자신들이 시댁에 가서 그 노동을 해야 하는지 불만이다. 그런 며느리들을 어른들과 남자들은 이해할 수 없다. (이해해도 어쩔 수 없다고 생각한다.) 자주 하라는 것도 아니고 고작 일 년에 몇 번 되지도 않는데 그것도 못 하겠다고 하느냐고 요즘 여자들을 비난한다. 옛날 여자들은 그보다 더 한 일도 군소리 없이 했고 우리 어머니들은 평생을 그러고 살았는데 젊은 여자들이 너무나 이기적이고 못됐다는 거다. 그런데 바꿔서 얘기하면 일 년에 몇 번 되지도 않는 그런 날 남자들에게 처가에 가서 그 노동을 하라고 하면 갈까? 평소에도 직장에 다니고 스트레스 잔뜩 받아 사는 남자들, 모처럼 명절이라고 며칠 쉬는데 또 부엌에서 하루 종일 식재료 다듬고 음식 만들고 전 부치고 끼니때마다 먹고 난 음식 설거지에 제수 음식까지 장만하라고 하면 과연 할까?

어찌 생각하면 가족을 위해서 일 년에 몇 번 하는 부엌 봉사를 힘들다고 하는 것이 이기적으로 보일 수 있겠다. 그런데 그게 누구의 관점이냐 하는 게 중요하다. 누군가에게는 오랜만에 가족과 친척들 만나서 반갑고 즐거운 일일 테지만 노동을 예약하고 가야 하는 사람들에게는 별로 즐거운 일이 아니기 때문이다. 거기에 부엌 내에서 벌어지는 여자들끼리의 조용한 서열 싸움과 기 싸움을 견뎌야 한다. 회사 일 핑계로 늦게 오는 손아래 동서, 일은 제일 안 하면서 일 좀 줄이자고 말하는 막내며느리(이게 나다), 시부모 앞에서는 예스맨을 자처해 사랑을 받지만 돌아서면 투덜대는 동서의 이중적인 모습을 봐야 하고 자신을 맏이 대접해 주지 않는 손아래 동서들 때문에 분통이 터지기도 하는 것이다. 70이 다 되어가는 큰 며느리는 이제 그 정도 했으면 부엌 일에서 놓여나도 되련만 동서들이 벌여놓은 일감을 마무리해야 하는 건 늘 자기 몫이므로 속으로 부아가 치민다. 그 모든 게 생각해보면 남의 집으로 시집온 여자들끼리의 아옹다옹이다. 좁은 부엌 안에서 벌어지는 그 신경전이 불편하다가도 곧 불쌍해진다. 이걸 거실에서 TV나 보면서 명절을 즐기는 남자들은 도저히 이해할 수 없는 일이다. 며칠 참으면 될 일을 가지고 이기적으로…… 설거지하던 수세미 집어 던지고 소리치고 싶어지는 순간이다. 야, 그 이타적이고 좋은 일, 네가 해. 너네 집 일이잖아. 앞으로 자기 집 일은 자기가 하는 걸로!

따지고 보면 누군가를 위해서 식사를 준비하고 그들이 맛있게 먹는 걸 보면서 행복해하는 일이 뭐가 나쁘겠는가. 우리네 어머니들이 평생을 해오신 일이 바로 그런 것이었다. 언제나 자식들 밥 먹었는지를 살피며 살아오셨으니 당신 자식들 불러 놓고 푸짐하게 한 상 차려 먹이고 오랜만에 만나는 자식들 얼굴 오래오래 보고 싶으신 그 마음을 모르는 바가 아니다. 그것을 꼭 여성들의 일과 의무로 붙잡아 놓은 것이 문제라는 것만 빼면 말이다. 돈 안 들이고 온갖 가사일 맡기기 위해 며느리 들인 게 아니라면 요즘같이 변화된 시대에 명절 노동은 왜 꼭 며느리들이 해야만 하는가?

내가 나이 든 여자들에게서 제일 듣기 싫어하는 말이 "여자는 어쩔 수 없어"라는 것이다. 그들은 자기도 힘들어하는 부엌 노동을 하면서 입버릇처럼 그 말을 반복함으로써 옆에 있는 젊은 여성들에게 자기 일을 군말 없이 넘겨받을 것을 강요한다. 어떤 여성은 자기 딸에게는 그것을 대물림하지 않으려 하지만 아직도 많은 여성이 딸들에게도 기존 여성의 역할을 당연한 것이라 강요한다. "여자는 어쩔 수가 없어" 돈 안 주고 부리는 노예의 역할을 떠맡으면서 자꾸만 주문처럼 되뇐다. 그런데 도대체 뭐가 어쩔 수가 없다는 것일까?

이 지점에서 존 레논과 오노 요코가 부른 노래 〈여자는 세상의 깜둥이〉가 떠오른다. 기타를 메고 존 레논이 노래를 부를 때 오노 요코가 작은 북을 들고 치는 모습이 코믹해서

웃다 보면 가사를 놓치기 쉽지만 자세히 들어보면 페미니스
트로서의 오노 요코의 인식이 그대로 반영된 내용이다.

Woman is the nigger of the world

(여자는 이 세상의 깜둥이야)

Yes, she is, think about it

(맞아. 생각해 봐)

Woman is the nigger of the world

(여자는 이 세상의 깜둥이야)

Think about it, do something about it

(생각해 봐. 뭐라도 해보라고)

We make her paint her face and dance

(우리는 그녀가 화장을 하고 춤을 추게 하지)

If she won't be slave, we say that she don't love us

(그녀가 노예가 되기를 원하지 않으면 "넌 나를 사랑하지 않는구나"라고

말하지)

If she's real, we say she's trying to be a man

(그녀가 뭘 잘하면, "너는 남자처럼 되려고 하는구나"라고 말하지)

While putting her down we pretend that she is above us

(우리는 그녀를 짓밟으면서도 오히려 그녀가 우리 위에 있는 것처럼 굴지)

Woman is the nigger of the world…… yes she is

(여자는 이 세상의 깜둥이야. 정말이야)

If you don't believe me take a look to the one you're with

(못 믿겠으면 지금 너와 함께 하는 그녀를 봐)

Woman is the slaves of the slaves

(여자는 노예 중의 노예야)

Ah yeah, better scream about it

(맞아, 소리를 치는 게 나아)

We make her bear and raise our children

(우리는 그녀를 임신시키고 아이를 기르게 만들어)

And then we leave her flat for being a fat old mother hen

(그러고는 살찌고 늙은 암탉처럼 만들어놓지)

We tell her home is the only place she would be

(그녀가 있을 곳은 오직 집뿐이라고 말하고는)

Then we complain she's too unworldly to be our friend

(그녀가 세상을 너무 몰라서 친구가 될 수 없다고 불평하지)

Woman is the nigger of the world…… yes she is

(여자는 세상의 깜둥이야. 정말이야)

If you don't believe me take a look to the one you're with

(못 믿겠으면 지금 너와 함께 하는 그녀를 봐)

Woman is the slaves of the slaves

(여자는 노예 중의 노예야)

Yeah (think about it)

(뭐 그렇다고)

We insult her everyday on TV

(텔레비전은 매일 여자를 비난하는데)

And wonder why she has no guts or confidence

(우리는 왜 여자들이 용기도 없고 자신감도 없는지를 몰라)

When she's young we kill her will to be free

(그녀가 어릴 때 우리는 그녀의 자유 의지를 꺾어버려)

While telling her not to be so smart we put her down for
being so dumb

(그녀에게 너무 똑똑해지지 말라고 하면서 그녀를 멍청하게 만들지)

Woman is the nigger of the world…… yes she is

(여자는 세상의 깜둥이야. 정말이야)

If you don't believe me take a look to the one you're with

(못 믿겠으면 지금 너와 함께 하는 그녀를 봐)

Woman is the slaves of the slaves

(여자는 노예 중의 노예야)

Yes she is…… if you belive me, you better screem about it.

(정말이야. 내 말을 믿는다면 소리치는 게 좋을 거야)

명절만 닥치면 생기는 문제를 해결하는 방법은 노예를 해방하면 된다. 즉, '자기 집 일은 자기가 하는 것'이다. 친정에 가면 여자가, 시댁에 가면 남자가 부엌 일을 하도록 하면 된다. 자기 집에 가서 일한다고 불평해봐야 그게 상대방에 대한 비난이 될 수가 없다. 그리고 결혼해서 효도하려는 마음을 없애면 된다. 효도는 자식이 자기 부모한테 하는 것이고 부모님도 남의 자식에게 효도 받을 생각하지 않으면 된다. 사위가 백년손님인 것처럼 며느리도 딸이 될 수가 없다. 그 경계를 지키면 우리의 명절은 좀 수월해질 것이다.

애교와 젠더

1988년이었을 거다. 일본 지사로 발령이 나서 나고야로 가족들이 이주를 했는데 당시 대학 졸업반이었던 나와 이미 직장 생활을 하고 있던 언니는 한국에 남아 일 년에 한두 번씩 일본을 방문할 기회를 갖게 되었다. 당시는 해외여행 자유화가 이루어지기 전이라 비행기를 타본 사람도 별로 없을 때다. 그때는 일본도 비자가 있어야 갈 수 있는 나라였다. 난생처음 해외여행을 한 내게 일본은 참 신기한 게 많은 나라였다. TV 속 여성들의 모습도 그중 하나였다. 손등을 다 덮는 긴 소매의 스웨터나 블라우스에 나풀나풀한 롱스커트를 입은 그녀들은 긴 생머리에 빼빼 마른 몸매를 하고 있었다. 순진한 아이

같은 커다란 눈동자를 하고는 뭔가 잘 모르겠다는 듯 언제나 고개를 갸우뚱하고 있었는데 말을 할 때면 혀가 짧은 듯 말을 이상하게 했다. 몸은 분명히 성인인데 하는 짓은 영락없는 어린애다. 걸음걸이도 이제 처음 걷기 시작한 아이처럼 어설프게 뒤뚱거리는 것처럼 보였고 아기처럼 말을 하며 백치처럼 웃었다. "저게 뭐지? 왜 여자들이 전부 덜떨어진 것처럼 보여?" 그 모습이 무척이나 충격적이었던 걸 보면 그때까지 우리나라에선 그런 행동을 하는 여자들이 없었던 모양이다. 그리고 그런 그녀를 보며 남녀 모두 "가와이~~~" 소리쳤다. 기괴한 장면이었다.

그건 분명히 아이의 행동이다. 사랑받기 위해, 혹은 원하는 걸 갖기 위해 어른들에게 보이는 아이의 귀여운 행동. 물론 아주 어린아이들은 애교를 목적의식적으로 부리진 않는다. 그저 존재 자체가 애교이며, 그 힘없고 미숙한 행동이 한없이 마음을 녹일 뿐이다. 하지만 성인의 아이 흉내는 다른 문제다. 그들은 아이처럼 행동할 뿐 아이가 아니기 때문이다.

일본에서 그렇게 충격을 받은 후 얼마 안 가서 우리나라에서도 그런 여자들이 출현하기 시작했다. 순정 만화 속에서 툭 튀어나온 것 같은 여자들이 TV를 점령했다. 그러더니 그것은 한때의 유행으로 넘어가는 게 아니라 시간이 지나면서 점점 더 진화하기 시작했다. 남자 앞에서 애교 부리기. 스무 살, 서른 살이 되어도 "1 더하기 1은 귀요미, 2 더하기 2는 귀요미"를 한다. 귀여우면서도 섹시해야 하는 그 어려운 과제를 스스로 나서서 하기도 하고 사회자들이 강요해서 억지로 하기도 한다. 세상에…… 성인이 없다. TV 속 어떤 남자들은 "애교 부리는 거 싫어해요"라고 말하면서도 앞에서 저런 행동을 하는 예쁜 여자를 보면 바로 입을 헤벌리는 반응을 보인다. 심지어 "우리나라엔 애교라는 개념이 없어요. 한국 여자들이 애교 부리는 거 정말 이상해요"라고 말하는 유럽 남자들도 바로 앞에서 귀염을 부리면 좋아 죽는 것 같은 표정을 짓는다. 애교는 연예인들만이 아니라 일반인들도 따라 하기 시작했다. 40살이 된 여자들도 카메라 앞에서 입술을 오므리고 귀여운 척을 한다. 기괴하다. 충격적이다. 그렇게 어린아이였던 성인 여자들은 일정한 시기가 되면 곧바로 '아줌마'가 된다. 철딱서니 없고 무개념으로 보이기는 양쪽이 다 마찬가지다.

그런데 외국어에는 애교라는 개념이 정말 없다. 애교의 말뜻은 '남에게 귀엽게 보이는 태도'라고 되어 있다. 영어로 애교를 찾으면 'charming' 혹은 'attractive'라고 나온다. 이건 '매력적인'이라는 뜻에 가깝다. 비슷한 말로는 nice, kind를 쓸 수 있지만 이건 상냥하고 친절하다는 뜻으로 남녀 모두에게 요구되는 덕목이지 여자에게 특별히 부과하는 성격적 특성이 아니다. 독일어로는 'Anmut' 혹은 'entzueckend', 'grazioes'다. 이 단어는 우리의 애교와는 전혀 다른 뉘앙스를 갖고 있다. '매력적인, 매혹적인, 우아한'으로 번역되는 단어다. 외국에선 별로 찾아볼 수 없지만 한국과 일본에서 여성에게 애교를 강요하는 문화가 있다는 건 분명하다.

그래서 애교가 여성의 지위나 여성의 자의식이 약한 곳에서만 있는 문화라고 하는 모양이다. 그런데 가만히 생각해 보면 유럽이라고 달랐을까? 단어는 사라졌어도 그 나라들에서도 예전에 아주 오랫동안 여성의 지위가 낮았기 때문에 어딘가에서 그 흔적을 찾을 수 있지 않을까? 아시아에서 여성에게 요구하는 '어린아이에 머물러 있기'가 애교라면 유럽인들은 좀 다른 방식으로 그걸 강요했을 뿐임을 미술을 통해서 알 수 있다. 여성 스스로 자신이 원하는 걸 성취할 수 없었으니 아버지나 남편, 다른 남자를 통해 얻을 수밖에 없었고 그들의 마음을 사야 했으므로 그들이 원하는 행동을 해야 했으리라는 건 쉽게 이해할 수 있다. 여성이 가진 상징자본인 미모와 성을 이용하는 것, 그리고 사회는 그런 여성들에게서 '털'을 제거했다.

19세기 중반 이전까지 서양의 여성 누드 그림에서 털은 보이지 않는다. 고대 그리스에서부터 현대에 이르기까지 남성의 성기 부분이 매우 사실적으로 자랑스럽게 그려진 것과는 달리 여성의 음부는 가려지거나 털이 없는 매끈한 상태로 묘사되었다. 1866년에 꾸르베가 〈세계의 기원〉을 그리면서 음모 한 올 한 올 리얼하게 그린 그림이 여성의 털을 그린 최초의 그림이다. 그 그림은 1990년대 중반이 되어서야 일반 대중에게 공개가 되었다. 130년이나 지나서야 겨우 대중에게 공개된 것이다. 남성의 시선으로 묘사된 여성의 사실적인 아랫도리 그림을 그토록 오랫동안 감춰두고 보지 않으려고 했던 것을 주디스 버틀러라는 여성 철학자는 '공포'로 해석했다. 그 그림이 '남성의 언어로 파악되지 않는 여성의 몸과 욕망을 보여주기' 때문이라고 해석한 것이다. 즉, 오랫동안 유럽인들은 음모가 없는 여성 누드를 그림으로써 2차 성징이 나타나기 전, 자신의 욕망을 갖기 이전의 미성년의 몸을 보고 싶어한 것이다. 사춘기를 지나 소녀가 여자가 되는 것을 무서워하는 것이다. 여성이 자기 욕망을 갖기 시작하고 그것을 감추지 않고 드러내는 순간, 남성 중심 사회는 위기감과 불안을 느끼게 된다. 그러므로 어린아이로 머물러 있어라. 욕망은 언제나 남성에서부터 출발한다. 그렇게 서구 사회는 여성의 몸에서 털을 제거했고 오늘날 한국 사회는 애교를 강요함으로써 성인 여성에게 아이로 머물러 있을 것을 요구한다.

하지만 아이도 자의식이 생기고 나면 애교로 어른을 조종할 줄을 안다. 이미 발음도 정확하게 할 줄 알게 된 아이도 자기가 원하는 걸 얻기 위해 갑자기 아기 흉내를 낸다. 어른들이 그런 자신을 어여삐 본다는 걸 알기 때문이다. 물론 어른도 그 상황을 알고 있다. 하지만 위계가 분명한 어른과 아이는 그 애교를 매개로 사랑을 확인한다. 그렇다면 성인 여성의 애교는 어떨까? 남성 중심의 사회가 요구하는 '어린 여자아이' 역할을 충실히 수행하는 여성들을 딱한 듯 쳐다보지만 실은 이것이 그들에게는 전략일 수가 있다. 정색하고 맞장을 떠서 성공할 확률이 적다면 다른 전략을 쓸 수도 있기 때문이다. 그녀들은 그저 '그런 척'을 하는 것에 불과하다. 일종의 생존 전략인 셈인데 그런 '척하는 놀이', '가면'에 넘어가서 연극을 현실로 착각하는 그들 남성은 얼마나 어리석은가.

모성애 강요하는 사회

대학에서 하는 강의 이외에 전국 곳곳에서 미술사 특강을 하러 돌아다닌다. 수강생은 천차만별이다. 기업 CEO, 공무원, 주부, 미술가, 고등학생, 선생님, 스님, 디자이너, 탈교생, 출판인, 회사원, 배우, 연출가, 무용인…… 요즘은 강의가 끝나면 바로 헤어져 집으로 오는 경우가 대부분이지만 얼마 전까지만 해도 저녁 강의가 끝나면 수강생들과 뒤풀이를 하곤 했다. 강의에 대한 소감과 평가를 직접 들을 수 있는 기회이기도 하다. 차나 술을 한 잔씩 하면서 조금은 마음을 풀고 사적인 대화도 하게 된다. 그런데 나더러 독신이냐고 묻는 경우가 종종 있다. 내가 독신인지 아닌지를 내기로 걸었다는 사람도 있었다. 확신 어린 눈빛으로 내게 "독신이 틀림없다" 라고 하신 분은 수녀님이었다. 근거는? "제가 수녀라서 사람을 정말 많이 만나거든요. 이젠 척 보면 웬만하면 다 맞춰요. 선생님에게는 모성애가 전혀 안 느껴져요. 모성애가 없는 여성은 틀림없이 싱글이에요. 맞죠?"

모성애가 없다는 말은 무슨 뜻일까? 아이를 좋아하지 않는다는 의미? 성격이 차갑고 자애롭지 못하다는 뜻? 타인에 대한 이해심과 배려심이 없어 보인다는 걸까? 모성애가 없는 사람이라서 결혼도 안(못) 했을 거라는 판단은 분명 긍정적인 의미는 아니다. 사회는 모성애가 없는 여성을 결코 용서하지 않는다. 사회의 재생산을 위해서도 그렇고 남성들의 판타지를 위해서도 그렇다. 그 자리에서 허허 웃고 말았지만 곰곰이 생각하면 화를 냈어야 하는 말이었나 싶을 만큼 이상한 말이다.

세상에는 모성애가 있는 여성과 모성애가 없는 여성으로 나뉜다. 모성애가 있는 여성은 결혼을 할 수 있고 모성애가 없는 여성은 결혼을 했을 리가 없다. 그리고 사회는 그런 여성을 이기적이라고 비난한다. 잘못 살고 있다고 타이른다. 아이를 낳아보지 않은 여자는 어른이 아니라는 것이다. 그런데 좀 이상하다. 모성애는 흔히 본능이라고 말한다. 그런데 모성애가 없는 여성이 있다? 본능이 결여된 존재가 있다는 것 자체가 본능이라는 말과 모순되지 않는가?

박기현이라는 독립 큐레이터가 있다. 프랑스에서 미술사를 공부한 후에 지금은 독립 큐레이터로 활동하고 있는 친구다. 미술에 대한 애정과 열정이 대단해서 자신이 기획 전시한 작가의 작품을 사기도 하고 남의 전시 보러 갔다가도 작품이 마음에 들면 몇 달을 쫄쫄 굶더라도 산다. 그녀가 언젠가 페이스북에 쓴 글이다.

"30대 이후로 스스로 만족하며 행복한 삶을 만들고 있는 나에게 근래 들어, 물론 과거에도 그랬지만, 나의 행복은 불완전한 것이라며 결혼 특히 '엄마'가 되는 행복을 모른다며 질타하는 이들이 많아졌다. 이런 사람은 내가 직업에서, 사생활 혹은 애정 생활에서 어렵게 쟁취한 행복감을 느끼는 순간까지 '그건 가짜야'라고 부르짖는다. 좋아하는 일에 몰입해도,

내가 번 돈으로 긴 휴가를 떠나도, 서로를 인정하고 애틋해하는-단지 좀 멀리 떨어져 있는- 연인에 대해서도 '그건 가짜야'라고 단정 짓고 나에게 '한 남자의 아내로 가정을 만들고 새 생명을 보듬는 진짜 여자'가 되라고 가르친다. 이들 중 대부분은 남자지만 간혹 여자들도 있다. 결혼생활에 행복해하는 이들이 나에게 이런 가르침을 줄 때면 그나마 '그래, 자기가 좋으니 나에게 추천하는 거지. 행복하니 다행이다'라고 웃어 넘겨주지만 대부분은 '이성적 매력도 못 느끼는 배우자에게 착취당하고 자신의 삶을 잃어가고 있다'고 느끼는 사람들이 더 격렬하게 나에게 '결혼하지 않은 무책임함'을 질타한다. 이상한 사람들이다.

결혼은 철저히 개인의 선택 영역이다. 그래야만 한다. 나는 선천적으로 혼자 있는 걸 좋아하고 체력도 나빠서 한국의 시댁과 같은 촘촘한 인간관계를 감당할 자신이 없다. 또한 당신도 2대 독자의 무남독녀 외동딸로 귀하게 자란 엄마 밑에서 '네가 더 중요하다'라는 교육을 받고 자란지라 늘 기죽지 않게 배려해야 하는, '어떤 어머니의 귀한 아들'을 감당할 자신이 없다. 소크라테스가 '너 자신을 알라'라고 했는데 나는 그나마 나 자신의 이런 부분을 잘 알아 나도, 타인도 불행하게 만들지 않았다.

몇 년 전 친구의 결혼 과정을 지켜보면서 나는 '너야말로 용기 있는 신여성'이라고 친구에게 엄지를 치켜세웠다. 나는 엄두가 안 나는 결혼을 척척 해내는 친구들에게 나는 늘 진심 어린 축하를 보낸다. 그래서 그 친구들이 행복하게 살면 나는 덩달아 기분이 좋아지고 불행한 삶을 살면 안타까움이 배가 된다. 그러나 절대 '~했어야 했어'라고 하지 않는다. 그들의 선택을 존중하기 때문이다. 나처럼 이기적인 사람도 이렇게 타인의 선택을 존중하는데, 나보다 더 이타적인 기혼자들에게도 나의 선택을 존중받고 싶다."

그동안 그녀가 받은 스트레스가 어느 정도였는지 문장 하나하나에서 느껴지지 않는가? 사회가 그토록 추앙해 마지않는 모성애가 실은 여성들을 옭아매는 덫이기도 하다는 걸 얘기하는 건 쉽지 않다. 심리적 저항이 거세기 때문이다. 하지만 모성애는 본능도 아니고 따라서 여자라면 누구나 갖고 있는 성격적 특성도 아니다. 때때로 나는 모성애가 확대된 자기애가 아닌가 의심한다. 좌절된 자기 욕망을 아이에게 투사시키면서 모성애라는 말로 정당화하는 경우를 너무나 많이 본다.

또한 많은 여성이 자기 아이를 너무나 사랑한 나머지 타인의 아이를 무례하게 대하며 내 아이 말고 그 어떤 것에도 관심을 두지 않기도 한다. 그것이 그렇게 높이 찬양해야 할 덕목일 리가 없다. 그리고 모성애를 찬양해 마지않는 사람들에게는 매우 불편한 얘기가 될 수도 있겠지만 나는 지금까지 내가 잘했다고 생각하는 일 가운데 하나가 자식을 낳지 않은 일이다. 자식 없어 행복하게 사는 꼴을 못 보는 이 사회는 끊임없이 내게 '잘못 살고 있다'거나 '인간이 되라'고 욕을 퍼부어대지만, 자식을 낳지 않아도 행복해서 미안할 뿐이다.

언젠가 TV에서 동물의 세계를 본 적이 있다. 고양잇과의 포유류였는데 구체적으로 무엇이었는지는 잘 기억이 나지 않는다. 어미가 새끼를 낳아 지극 정성으로 기르다가 그 새끼가 어느 정도 크고 나니 품에서 밀어낸다. 새끼는 아직 혼자 사냥할 용기가 안 나는지 자꾸만 어미 곁을 맴돈다. 하지만 어미는 냉정하다. 그에게 더 이상 먹이를 주지도 않고 품을 내주지도 않는다. 새끼는 눈치를 보면서 어미 주위를 돌다가 이내 체념한 듯 걸음을 옮긴다. 어미와 새끼가 서로 다른 방향으로 간다. 물론 동물의 세계라서 그들 마음속에 무슨 생각들이 오가는지, 알 수가 없다. 나는 지극히 인간적인 생각으로 그들의 행동을 해석하는 것일 테다. 자식을 사랑해서 그 주위를 떠나지 못 하고 다 크도록, 심지어 자식이 늙어갈 때까지 뒤를 봐주는 이 성스러운 '모성애'가 동물의 세계에서 배워야 할 것으로 말이다.

여성의 몸에 대한 권리

당신의 몸은 전쟁터다

2016년 10월 3일에 폴란드에서 여성들이 시위를 했다는 기사가 신문에 났다. 사진에는 모두 검은 옷을 입고 검은 모자나 베일을 쓴 여성들이 피켓을 들고 있었다. 정부가 낙태를 전면적으로 금지한다고 발표한 것에 대한 항의 시위였다. "낙태는 개인의 선택이고 누구도 나에게 선택을 강요할 수 없다"고 말하는 여성들. 이날 페이스북을 통해 참여 의사를 밝힌 사람은 11만 명이라고 신문은 보도했다. 시위대에 서 있지는 않아도 거리에서 버스에서 검은 옷을 입음으로써 연대를 표현한 사람들이 넘쳐났다고 한다. 그때 유럽의 각 도시에서 벌어진 지지 시위들을 보면 낙태 문제에 대한 사람들의 관심을 알 수 있다. 그리고 중요한 건 이게 오래전에도 있었던 시위라는 것, 한번 결정해서 지속되는 게 아니라 수시로 반복되었던 문제라는 사실이다.

올해 여성 영화제에서 '노래하는 여자, 노래하지 않는 여자'라는 영화를 보았다. 아그네스 바르다 감독이 1977년에 만든 것으로 1962년에서 1977년에 이르는 15년 동안의 수잔과 폴린 두 여자의 우정을 그린 영화다. 그 영화에서도 유럽의 낙태금지법에 대항하여 여성들이 시위하는 장면이 나온다. '물 위의 암스테르담' 이라는 노래는 우리에게도 잘 알려져 있지만 그 노래가 바로 이 영화의 주제곡이며 낙태가 금지된 나라의 여성들이 합법적으로 낙태를 할 수 있는 곳이었던 암스테르담으로 가는 배 안에서 부르는 노래였다는 것은 몰랐을 것이다.

"암스테르담의 다리 아래로 미끄러지는 유람선 위에서/ 혼곤하게 녹초가 되어 떠내려가는 우리들/ 꼴사납게 바보처럼 남자들 때문에 겪는 일/ 우리는 그렇게 낙태의 여행을 왔네.

낙태의 배로/ 낭만적인 수상보트는 아니라네/ 수술 뒤에 암스테르담 물 위에서/ 지금 본 튤립과 자전거를 기억하리/ 자전거를 보며 약 이야기를 하고 함께 사는 애인 이야기를 하고/ 아이와 배란 이야기를 했지. 남의 눈치 안 보며 웃고 떠들었지/ 배는 우리를 싣고 한가로이 떠내려가네. 우리 낙태자들을……"

그저 낭만적인 노래일 거라고 생각하고 듣던 사람들은 가사와 영화의 맥락을 이해하고 나면 놀랄 일이다. 여성들이 원치 않는 임신으로 고통받다가 낙태를 결정하고 돈을 마련하고 병원 침대에서 죽을지도 모르는 위험을 무릅쓰고 배를 타고 낯선 곳으로 갈 때 그 어느 곳에서도 남자는 보이지 않는다. 임신과 낙태의 책임과 죄책감은 오롯이 여성의 몫으로 남겨져 있다. 얼굴 없는 남자들은 자기 몸에도 흔적을 남기지 않는다. 아이가 어떤 상황에서 생겼는지는 알 수 없지만 그 아이의 아버지는 보이지 않고 낳는 어머니만 분명하기 때문이다.

혁명의 결과로 여성에게 낙태권을 허용했던 러시아는 국가

인구 정책으로 필요해지자 다시금 낙태를 불법화했다. 여성의 건강이나 생명이 위태로울 경우는 예외로 치기는 했지만 낙태 문제에 관한 한 여성의 몸에 국가가 개입하는 이유가 무엇인지 분명해지는 지점이다. 그러다가 다시 낙태를 허용했다가 금지하는 일이 반복되었다. 유럽이나 미국에서도 마찬가지다. 페미니스트들이 낙태 합법화를 위해 격렬하게 싸워 겨우 얻어냈다가 보수 정권이 들어서면서 금지로 돌아서곤 했던 것이다. 그때 나온 미술 작품이 바바라 크루거의 "Your body is a battleground(당신의 몸은 전쟁터다)"(1989)다. 반으로 나뉘어 한쪽은 포지티브로, 다른 한쪽은 네거티브로 현상된 흑백의 여성 사진 위에 선명한 글자가 쓰여 있는 이 작품은 여성의 몸이 권력이 충돌하는 전쟁터라는 메시지를 명확하게 전달하고 있다. 내 몸인데 내가 마음대로 할 수가 없는 현실, 결혼과 더불어 시댁이 간섭하고 남편이 개입하며 국가가 결정한다. 인구가 넘칠 때는 "둘만 낳아 잘 기르자"거나 "잘 기른 딸 하나, 열 아들 안 부럽다"고 소리치며 자식 낳지 말자고 난리 치더니 이제 인구가 부족해지니 많이 낳으라고, 그러면 돈 더 주겠다고 회유한다. 아이를 지우면 범죄자라고, 살인자라고 협박한다. 원치 않는 임신으로 그 여성의 나머지 인생이 어찌 될지에 대해서 이야기하는 사람은 없고 세포 형태의 배아의 생명권만을 주장하는 것이다. 이 순간 여성은 아이를 낳는 주머니로 전락한다. 당신 말고, 뱃속의 아이. 나머지 삶은 내 알 바 없고. 그런데 아버지는?

1974년에 여성들은 "여성의 권리를 제한하지 마라." "낙태는 정치인이 아니라 여성이 결정할 일이다"라는 구호를 내걸고 시위를 했다. 그 구호는 2016년에 "내 자궁은 공공재가 아니다.", "자궁이 없는 자, 말하지 말라"는 구호로 변했다. 내용은 같지만 표현은 더 강력해졌다. 여기서 개인적인 이야기를 또 해야겠다. 낙태 문제는 아니지만 아이를 낳느냐 낳지 않느냐의 문제와 관련한 것이니 완전히 다른 주제는 아니다. 나는 결혼 전부터 아이는 낳지 않겠다고 생각했다. 이 세상에 태어난 걸 감사해본 적이 없으니 내 자식을 낳겠다는 생각을 어찌하겠는가? 이 세상에는 아이를 사랑하는 사람들로 넘쳐나고 그런 사람들이 아이를 낳아 책임감 있게 기르는 것이 당연하다고 생각했다. 아이가 부족하니 낳으라고만 하지 말고 이미 세상에 나온 아이들을, 그게 미혼모의 아이든, 미성년자의 아이든, 눈치 보지 않고 행복하게 잘 커나가도록 정책을 수립하고 문화를 만들어 나가는 게 중요하다고 생각했다. 거기에 국가를 위해, 인류의 번영을 위해 내 자식 덧붙일 생각은 없었다.

그런데 1997년에 결혼을 했다. 결혼을 한 이상 나 혼자 결정해서는 안 되는 문제였다. 남편과 깊이 고민한 후에 결정하기로 했다. 얼마간의 시간이 지난 후 남편이 입을 열었다. "아무리 남자가 준비된 아버지이며 온 힘을 다해 키운다고 해도 그는 조력자일 수밖에 없다. 열 달 동안 품고 있어야 하는 사람도 여자이고, 죽을지도 모르는 출산의 고통을 감내해야 하는 것도 여자다. 출산 후에도 얼마간은 아이 곁에 머물러야 하고 많은 것을 포기해야 하는 것도 사실이다. 여자의 몸에서 벌어지는 일이니 결정권은 전적으로 여성에게 있다." 그는 내 결정에 따를 것을 분명히 했다.

행복한 페미니스트

오래전부터 학기가 시작되면 새로 만난 학생들과 일반인 아카데미 수강생들에게 질문을 했다. 좋아하는 예술가가 있는지? 어떤 작품을 기억하고 있는지? 그리고 마지막에 그중에 여성 예술가들이 누가 있는지를 물었다. 미대 학생들은 종종 카미유 클로델, 조지아 오키프나, 오노 요코를 말하지만 보통은 그런 질문을 받으면 갑자기 꿀 먹은 벙어리가 된다. 겨우 꺼낸다는 게 신사임당이나 프리다 칼로다. 가끔 신윤복을 여성 예술가로 드는 학생이 있었다. 당연히 농담이겠거니 하고 웃어넘겼는데 올해엔 수업 끝나고 학생 한 명이 와서 진지하게 "신윤복이 남자인지 몰랐다"고 고백했다. 문근영이

신윤복으로 나왔던 드라마의 영향이다. 역사를 소재로 한 드라마를 보고 그 내용을 사실로 믿는 사람이 있다는 걸 알고는 있었지만 이런 얘기를 들으면 당황하게 된다. 드라마나 영화를 보면서 그것을 사실과 혼동하는 지점이 있을 수도 있겠지만 궁금한 부분은 정보를 찾아보거나 해서 픽션과 팩트를 구분해야 한다는 것도 가르쳐야 하는 것이다. 어쨌거나 미술사 수업을 10년 넘게 하면서 줄기차게 여성 미술가들에 대해서도 가르쳐 왔지만 해가 거듭되어도 여성 예술가들에 대한 생각은 조금도 나아지지 않고 매번 제자리걸음 하는 것 같아서 허탈해지곤 했다.

남자들이 역차별 받는다고 구시렁거리기 시작하면서 나는 질문을 하나 추가했다. 만약 다음 생에 또 태어난다면 무엇으로 태어나고 싶은가 하는 것이다. 남학생들은 거의 대부분이 그런 생각을 해본 적이 없다고 대답한다. 남자로 태어난 것 자체를 문제 삼아 본 적이 없는 것이다. 아주 드물게 한두 명이 "생각해 봤는데 여자로 태어나는 건 곤란하겠다는 답을 내렸다"고 답했다. 여학생들의 답은 예상을 벗어나지 않는다. "다음 생은 절대로 여자로 태어나고 싶지 않다"는 것이다. 정확히 백분율을 내면서 하는 건 아니지만 절대다수가 그런 대답을 한다는 건 분명하다. 여학생들의 대답을 들으면서 남학생들은 어리둥절한 표정을 짓는다. 여자들은 그런 생각을 해봤다는 사실 자체가 충격이라는 듯이. 여자가 더 살기 좋은 세상이라고 생각했는데 이렇게 좋아진 세상도 그들에겐 불편하단 말인가?

그중 한 학생이 내게 물었다. "교수님은 다음 생에 뭐로 태어나고 싶으세요?" 나는 의미심장하게 웃는다. "나는 이승에서 이미 남자로 살아봤고, 지금은 보시다시피 여자로 살고 있습니다. 양성을 다 살아봤기 때문에 다른 성으로 태어나 살아보는 것에 대한 호기심이나 기대가 없습니다." 학생들 눈동자가 순식간에 불안으로 흔들린다. 다들 겁먹은 표정들이다. 나는 "자세한 내용은 3주 후 수업에서!"라는 말로 학생들의 호기심을 다음 수업에 대한 관심으로 연결시켜버린다.

태어나기 전부터 아들일 거라는 기대 하나로 간신히 낙태의 위험에서 벗어나 세상에 나온 나는 고추가 없다는 실망감을 부모에게 안겨주었다. 남자아이였다면 언니와 나, 둘로 끝내려 했다는 엄마는 태몽부터 분명히 아들이라고 생각한 내게 남자아이의 옷을 입혀서 키우셨다. 나는 상고머리를 하고 아버지의 낡은 양복을 줄여 만든 바지와 조끼를 입고 컸다. 어렸을 때 사진을 보면 남자 고무신을 신고 막대기를 들고 동네를 휘젓고 다니다가 끌려와 억지로 사진을 찍힌 개구쟁이 사내아이가 불만 가득한 표정으로 삐딱하게 서 있다. 단지 옷만 남장을 한 게 아니라 스스로도 남자라고 알고 컸던 나는 동네 친구들과 모여 오줌을 싸다가 내게 고추가 없다는 걸 처음으로 깨달았다. "나는 왜 고추가 없냐"고 엄마에게 따져 물으니 "하도 말을 안 들어서 망태 할아버지가 떼어갔다"고 하셨다. 앞으로 말만 잘 들으면 고추를 다시 달아준다는 것이다. 나는 그 말을 믿었다. 고추는 떼었다 붙였다 할 수 있는 것이구나 생각했다. 하지만 망태 할아버지는 내 고추를 다시 달아주지 않았고 초등학교 들어가기 전에 "네가 원래는 여자였다"는 청천벽력 같은 소리를 들어야 했다.

그렇게 강제로 커밍아웃 당한 나는 남자아이 또래들 사이에서 '하찮은 계집애'라고 부르면서 놀리곤 하던 바로 그 여자아이가 되어버렸다. '나'라는 인간은 변한 게 없었지만 내가 남자였을 때와 여자가 되어서의 차이는 컸다. 밤늦게까지 친구들과 전쟁놀이를 하고 뛰어놀아도 괜찮았던 나는 졸지에 '말괄량이'가 되어 수시로 야단을 맞아야 했다. 싸우다 상처가 나도 '사내가 그러면서 크는 거지' 했지만 여자가 된 후에는 '계집애 얼굴에 상처가 나서 어떻게 해' 하는 걱정을 들어야 했다. '남자답고 씩씩하게 잘 생겼다'는 칭찬을 들으며 자랐지만 졸지에 '저리 생겨가지고 어디 시집이나 가겠냐'는 소리를 들어야 했다. 전에는 '우리 집 큰아들이자 기둥'이었지만 이제는 순전히 자신의 행동으로 부모의 관심과 기대를 끌어내야 하는, 중간에 낀 둘째 딸이 되었다. 그러니 '이승에서 이미 남자로 살아봤고 지금은 여자로 살고 있다'는 내 말이 과장이거나 뻥은 아니다. 물론 남자 성인으로서의 삶은 직접 살아본 게 아니므로 잘 모르지만 강제 커밍아웃 당한 이후 나는 남자와 여자의 차이, 그 사회적인 역할과 기대와 힘의 차이를 예민하게 인식하며 자랐다.

좀 다른 듯 비슷한 경험을 한 사람으로 미학을 공부하고 퍼포먼스 예술가로, 연구자로 활동하고 있는 김강 씨가 있다. 그녀는 "아주 어렸을 때는 나중에 크면 남자가 되는 줄 알았다"고 했다. "남자는 여자보다 위대하고 멋지고 좋은 인간이므로 잘 크면, 즉, 공부도 잘하고 부모 말도 잘 들으면 커서 남자가 되는 줄 알았어요. 어른인데도 아직 여자인 사람들은 뭔가 모자란, 나쁜(?) 사람들이라 생각했죠. 왜 그렇게 생각했을까……"라고 썼다. 내가 어렸을 때 부모 말을 잘 듣고 착하게 크면 고추를 달아준다고 믿은 것처럼 그녀도 '잘(!) 크면' 남자가 되는 줄 알았다는 것이다. 누가 말해주지 않아도 어린아이는 눈치로 사회적으로 더 긍정적인 대우를 받는 남자의 지위를 알아채는 것이다. 지금의 나는 부족한 '여자'지만 잘하면 '남자'가 될 수도 있다고 생각하며 자라는 아이들이라니…… 웃어넘기기에 너무나 슬프지 않은가.

이것이 실은 여성혐오의 한 형태다. 아주 어린아이일 때부터 내면화하는 여성혐오. 그리고 아이들은 자라면서 점점 더 명확하게 깨닫는다. 엄마는 아빠보다 하위에 있다는 사실을, 아빠는 권력자이며 아빠 다음은 막내인 남자 동생이 차지한다는 걸 말이다. 여자아이는 힘없고 무시당하면서도 저항도 하지 못하는 여성이자 엄마를 바라보며 "엄마처럼은 살지 않겠다"고 다짐하면서 큰다. 엄마 또한 마찬가지로 딸에게 "너는 엄마처럼 살지 말라"고 주문처럼 되뇐다. 남자들만 여성

혐오를 하는 게 아니라 여성 스스로도 여성 혐오를 한다. 그렇게 자라는 과정에서 남자처럼 입고 행동하기도 한다. 자신의 여성성을 지워버리려는 노력이다. 나도 중고등학교 때 그 과정을 거쳤다. 억지로 입어야 했던 교복을 제외하고는 절대로 치마를 입지 않았고 부러 거칠게 말하고 터프하게 행동했다. 힘없고 나약해서 무시만 당하는 여자는 되고 싶지 않았다. 남자가 될 수는 없지만 남자처럼 될 수는 있지 않을까? 하지만 그것은 불가능한 일이다. 남성 중심 사회에서 여성이 남성처럼 인정받고 성공하기 위해서는 남성보다 200프로 노력해야 한다. 거기에 여성으로서의 의무 또한 완벽하게 수행해야 한다. 그리고 그런 여성은 여성들 사이에서 '적'으로 간주된다.

그렇게 여성혐오를 알게 모르게 행하던 여성들이 달라질 수는 있다. "여성이 여성을 무시하면서 남성우위의 사회를 공고히 하는 데 일조한다면 이 사회는 어떻게 달라지나? 남성이 여성을 무시하듯 여성도 여성을 무시한다면 이런 남성우위의 사회는 더욱 견고하게 될 뿐이다. 여성임을 받아들이고 긍정할 수는 없는 것일까? 여성이 여성을 혐오하고 증오하고 하찮게 여겨 지우려 하는데 어떻게 사회가 그런 여성을 인정하겠는가?" 하는 자각이 든다면 말이다.

그래서 더 주목할 만한 것은 다음의 첨언이다. 이 글의 시작에서 했던 질문 "다음 생애 무엇으로 태어나고 싶은가?"에 대한 답변이다. "양성을 다 살아본 결과, 나는 남자가 갖는 온갖 기득권과 편리함을 앎에도 불구하고 내가 여자로 태어난 것이 '다행'이라고 생각한다는 것"이다. 이 생각에는 앞에서 언급한 김강 씨도, 미술사 저술가로 많은 대중 미술서를 쓰신 김영숙 씨도 깊은 공감을 표했다. 이 땅에서 여자라는 타자로, 약자로 살아보는 경험이 자기 자신을 반성적으로 바라보는 데 있어서나 또 다른 타자와 약자를 알아채고 공감하고 연대하는 데 있어서, 그리고 세상을 바라보는 태도에 있어 도움이 되었다는 인식이다.

생각해 보면 나는 사랑받지 못하는 사람이었다. 누구도 나를 선뜻 좋아하지 않았다. 딸 셋 중에 제일 못생긴 탓에 집에 놀러 오신 손님들의 말문을 막아놓곤 했다. 그들이 나를 향해 잠시 머뭇거리다가 "씩씩하게 생겼네"라고 할 때 나는 그것이 할 말이 없을 때 꺼내놓는 변명 같은 거라는 걸 금방 눈치챘다. 언니와 동생이 여기저기서 들어오는 선 자리로 고민할 때도 내게는 그 누구도 중매 서겠다는 사람이 없었고 부모님도 나를 누군가에게 소개하는 일이 없었다. 그건 단지 외모의 문제만은 아니었다. 고분고분한 성격도 아니었고 순종적이지도 않으며 고집은 세고 따지기 좋아하는 딸자식은 자기가 알아서 연애를 하거나 짝을 만나야 하는 거였다. 여자는 남자들의 선택을 받음으로써 자신감을 얻는다는데 나를 선택하는 남자는 거의 없었다. 세상은 내게 행복하지만은 않은 여러 가지 조건을 깔아 놓았지만 다시 생각해 보면 이 세상에는 전적으로 나쁘기만 한 조건이나 경험은 없는 법이다.

외모가 아름답지 않은 탓에 외모 차별에 민감하게 되었으며 외모가 아닌 다른 것으로 주목받을 다른 방법을 찾았고 책을 열심히 읽었으니 그것도 나쁘지 않다. 남자로 잘못 알고 살다가 여자가 된 경험 덕분에 남자로 산다는 것의 의미를 조금이나마 알 수 있었고 일상 곳곳에 깔려 있는 성차별에 다른 이들보다 조금 더 예민하게 될 수 있었다. 그들이 나를 사랑해주지 않으니 내가 사랑했다. 사랑받기 위해 수동적으로 기다리는 대신 내가 선택하고 나를 사랑하도록 만들었다.

독일에서 타자로 살았던 경험은 또 다른 타자들의 차별에 눈 뜨고 공감하고 이해하는 계기가 되었다. 끔찍한 성폭력을 겪었으나 그 덕분에 다른 이들이 겪는 공포를 보게 되었고 사회가 얼마나 폭력적인지 절절하게 알게 되었으며 그 무엇보다 더 강해졌다. 그 어떤 조건도 내가 이 땅에서 여성으로 살아가는 것을 증오하게 만들지 못했고 남성은 물론 여성이나 성소수자들 모두가 행복하게 사는 세상을 꿈꾸는 것을 포기하도록 만들지 못했다. 게다가 다행스러운 일은 내가 점점 더 나이 들어간다는 사실이다. 행복하게 늙어가는 페미니스트. 지금 내가 꾸는 꿈이다.